# 本书编委会

顾　问：刘　晏

主　编：胡　宇　呙永会　胡　平

编　委（排名不分先后）：

王锦兰　武晓莉　张　翼　雷时灵　吴丹丹

兰　静　全建华　苏　冉　叶　莉　许艳丽

李晓英　钱梦姣　王　蕾　张　晶　郭志敏

陈春鸿　杨　璐　门雨红　王　曦　周迎春

# 拈花含笑 情智菲然
## ——小学共享阅读实践与研究

胡宇 吕永会 胡平 主编

四川大学出版社

项目策划：唐　飞　段悟吾
责任编辑：庄　溢
责任校对：荆　菁
封面设计：墨创文化
责任印制：王　炜
封面题词：武晓莉

### 图书在版编目（CIP）数据

拈"花"含笑　情智并茂：小学共享阅读实践与研究 / 胡宇，吕永会，胡平主编. — 成都：四川大学出版社，2021.12
ISBN 978-7-5690-5234-3

Ⅰ. ①拈… Ⅱ. ①胡… ②吕… ③胡… Ⅲ. ①阅读课－教学研究－小学 Ⅳ. ① G623.232

中国版本图书馆CIP数据核字（2021）第256795号

| 书名 | 拈"花"含笑　情智并茂——小学共享阅读实践与研究 |
| --- | --- |
|  | NIAN "HUA" HANXIAO QINGZHI BINGMAO——XIAOXUE GONGXIANG YUEDU SHIJIAN YU YANJIU |
| 主　　编 | 胡　宇　吕永会　胡　平 |
| 出　　版 | 四川大学出版社 |
| 地　　址 | 成都市一环路南一段24号（610065） |
| 发　　行 | 四川大学出版社 |
| 书　　号 | ISBN 978-7-5690-5234-3 |
| 印前制作 | 四川胜翔数码印务设计有限公司 |
| 印　　刷 | 四川盛图彩色印刷有限公司 |
| 成品尺寸 | 170mm×240mm |
| 插　　页 | 9 |
| 印　　张 | 13.375 |
| 字　　数 | 272千字 |
| 版　　次 | 2022年4月第1版 |
| 印　　次 | 2022年4月第1次印刷 |
| 定　　价 | 60.00元 |

版权所有　◆　侵权必究

◆ 读者邮购本书，请与本社发行科联系。
　电话：(028)85408408/(028)85401670/(028)86408023　邮政编码：610065
◆ 本社图书如有印装质量问题，请寄回出版社调换。
◆ 网址：http://press.scu.edu.cn

四川大学出版社
微信公众号

# 论学取友，共享为美

舒大刚

（国际儒学联合会副会长、四川大学教授）

《论语》曰："君子学以致其道。"读书是明理的最佳途径。而如何高效阅读、快乐阅读，则大有讲究。胡宇名师工作室教师《拈"花"含笑　情智共茂——小学共享阅读实践与研究》一书，为我们奉献出了"共享阅读"的方便门径和有效法门。可谓用心良苦、善莫大焉！

胡宇老师等既是教书育人的辛勤园丁，也是教人读书的行家里手。在国家《全民阅读"十三五"时期发展规划》大背景下，这些身居语文教学一线的教师们，为了激发小读者们的学习兴趣和阅读效果，用自己多年的读书心得和教学实践，着眼于学生语文素养的长远发展，结合小学语文教师的阅读活动，为读者提炼出"共享阅读"这一核心概念，可谓经验之谈、智慧结晶！

何为"共享阅读"？书曰："共享阅读是指个人或者集体将可供阅读的资源分享给其他个人或集体的一种行为。"分享、共享，阅读、悦读，是本书提倡的核心内涵。从方法上讲，共享阅读"是一种有目的、有计划的阅读传播活动""是阅读资源和阅读感情的一种分享以及阅读的延伸"。从效果上看，相比于个人自主阅读，"共享阅读"可以获得"乘法式知识累积"，具有事半功倍之效；可以使得"多元化阅读方式优化"，经验互补，少走弯路；可以拓宽"国民素养提升的路径"，先知后知，先觉后觉，互相影响，共同进步，为读者勾画了光辉灿烂的前景。

为了说明问题，揭示路径，本书以洋洋30余万言、4个版块的篇幅逐层展开：首先"慎思篇"是阅读价值探讨，结合《义务教育语文课程标准》和教师阅读教学实践，主要解释"共享阅读"的意义、概念，实施方式、年段课程设计，还结合学生生活学习场所，阐述了共享阅读的实施策略；其次"明辨篇"是学术探究，是教师们精彩教学论文的汇编，体现了他们在实施共享阅读过程中的教学智慧，展现了共享阅读的研究、实践与创新过程；其三"笃行篇"是教学设计，每篇教学设计均指向明确的年级，有确定的阅读主题、阅读要素、情智要素、教学环节、板书设计、教学反思；其四"情智篇"则展示了学生们在共享阅读时的精彩瞬间，以丰富的图片让读者明了在共享阅读中如何实现情深智长、情智并发。通观全书，有理论、有实践，有探索、有经验，有憧憬、有实例，各个版块有机结合，构建起鲜活的共享式阅读模式，具有极强的指导意义和实践价值。比如第一版块在谈到"共享阅读的呈现方式"时，提出了"亲子阅读""读书会""读书漂流""网络共享"等方式，其中"读书漂流"设想生动有趣，极易受到小读者们欢迎。又如在"年级课程设计"中提出了"小学低段绘本"计划，建议"研发'六一'绘本"悦读策略，即"看一看、听一听、想一想、说一说、讲一讲、做一做"，也非常有新意，可以试行。

作者明确提出要"读好书、读经典、读文化、读思想"，可谓警策。"读好书"就是要读宣扬真善美、益人心志的书；"读经典"就是要读中华民族和中国文化根源性、灵魂性的书；"读文化"就是要读提倡精神文明、主张人文化成的书；"读思想"就是要读反映普遍真理和客观规律的书。这样就将读书的四种类型和境界清晰地勾勒出来了。

对于小学生而言，如何才能达到这一效果呢？本书在第二版块中有提及领读课程，版块开列了领读书目：一是"诗词名篇"，让孩子们"感受诗歌语言美、音韵美、意境美"；二是"国学经典"，通过看注释、查字典，引导孩子们感受文化元典"简洁、传神"的韵味，体会中华文化的根源和灵魂；三是"经典文学作品"，让孩子们体会文学作品中的情节、人物和环境"三要素"，培养情景再现能力；四是"历史故事"，让孩子们知道民族和国家的发展变迁顺序，掌握历史人物、事件和意义等内涵。总之，共享阅读就是千方百计地让孩子们"爱上阅读""分享知识""扩大视野"和"成就自我"，在快乐中阅读，在阅读中成长。

"快乐阅读"是本书作者提倡"共享阅读"的主要宗旨和实践路径。作者时时处处告诉我们，比之个人自主阅读，"共享阅读"可以获得更多的精神悦愉和知识收获。概括本书，参之古训，"共享阅读"之乐，约有四端：

其一，共享阅读之乐，乐在"疑义相析"。古语道"奇文共欣赏，疑义相与析"；本书也告诉我们，通过"独立地分析、探索、实践、质疑、创造等方法来实现阅读目标"，虽然是许多成功人士的惯常路径，但是对于初学者来说，个人阅读受到知识面、认识水平、理解能力，甚至立场观点、精神状态等限制，阅读者个体对所遇难点、疑点不一定在短时间内就得到很好解决："学习中缺少好友的交流切磋，必定知识狭隘，见识短浅。阅读因缺少伙伴之间的共学交流，难免一知半解，视野狭窄。"相反，如果多人共读，从不同角度和层面看问题，必然会互相启发，有利释疑。

其二，共享阅读之乐，乐在"新知迭出"。从前孔子与子贡论《诗》，子贡从"绘事后素"的现象中悟出"礼后乎（仁义）"的超达，孔子喜曰："起予者商也，始可与言《诗》已矣！"圣人尚且须人启发，何况我等凡夫俗子呢？故本书说："共享阅读，还强调主体之间的合作和相互交流。"这种交流与合作，正是新知新义互相启发的最佳环境。

其三，共享阅读之乐，乐在"以读交友"。《论语》说："以文会友，以友辅仁。"《礼记》说："论学取友。"这些都在表达通过共读而达到缔交、结友的目的。《礼记》曾告诫："独学而无友，则孤陋而寡闻。"在交通不发达，信息不畅通的古代社会，读书活动更须朋友之间的讲习和启发。学会共学、学会取友，是成就自我的重要途径。《论语》首章说："学而时习之，不亦悦乎；有朋自远方来，不亦乐乎！"此处"学而时习"便是独学；"有朋自远方来"则是共读。古注谓"'悦'浅而'乐'深"，朋友讲习之"乐"深于独学之"悦"，于此可见一斑。

其四，共享阅读之乐，乐在"闻道"。《周易》提倡"朋友讲习"，《论语》提倡"共学适道"。"共学适道"就是与朋友一起学习，共同进步，一道悟入普遍真理、客观规律的状态，这是读书学习的最高境界。《周易·兑卦·大象传》描绘"讲习"之乐说："丽泽兑，君子以朋友讲习。"兑卦，上下皆兑，兑为水泽，又有悦愉之义；中爻互体为离，离为日，有美丽、连接之意。君子看到水泽与水泽相连，一轮红日倒映其间，得此启示，便与朋友一起讲学论道，于是大道明彻、内心光明。共学讲习，是实现大道贯通、内心澄明的重要途径。

如果说"经典"是智慧宝库的话，那么"共享阅读"就是愉快地打开这一宝库的金钥匙。引而不发，拈花含笑，《拈"花"含笑　情智并茂——小学共享阅读实践与研究》的教师们，已经为我们清晰地勾勒了如何运用这把金钥匙，去激发开锁兴趣、巧运开锁机关的窍门。因此，我乐于向尊敬的读者推荐本书，并且希望大家能够依计行事，实践一番"共享阅读"，从中获得共享共读之乐、同乐同悟之美！

是为序。

# 不可用时无书

刘 晏

(四川大学附属实验小学集团校长)

2018年6月，胡宇老师约我为她班上的孩子在毕业前出的一本集子写序，我记得书名为《与书相伴，往事不会如烟》，37个孩子的精致小文、7位家长共读的心声被胡老师用心地串联在了一起，组成了这本约3万字的文集。孩子们的文章，都聚焦在对《红楼梦》的品读感受上。孩子们的文不长，但视角独特、语言清新，对书中人物的剖析各言其味，让观者惊叹此竟为总角金钗而作。而家长的共读心声，无不流露出因见证孩子在阅读过程中的成长而生发的喜悦。

的确，与书为伴，往事不会如烟，生命还会更为丰厚，人生还能更具诗意。

三年后的今天，胡宇老师又找到我，希望我能为她主编的新书《拈"花"含笑 情智并茂——小学共享阅读实践与研究》作序。厚厚一稿，约30万字，这是胡宇老师从教近三十年来的积淀，更是胡宇名师工作室的教师们三年来的实践与研究成果。从3万字到30万字，行走三年，似乎印证了"三生万物"。三人成众，况胡宇名师工作室已聚集有担当的一线教师20余名，皆以"共享阅读"为切入点，立足教坛，积极实践，结合自身阅读体悟，着眼于学生语文素养的提升，致力于学生的情生、智长，促进学生全面而有个性地成长。

如果说，三年前《与书相伴，往事不会如烟》这本集子的出世，是共享阅读的实践尝试，那么今日出版的《拈"花"含笑 情智并茂——小学共享阅读实践与研究》，则是在"共享阅读"这一命题下系统的实践思考与实证。全书分为"慎思、明辨、笃行、情智"四个版块，从共享阅读的意义求解出发，对共享阅读的概念、价值和实施策略进行系统建构；通过教师的系列论文阐述了共享阅读的研究、实践与创新过程；通过尝试构建一种共享式的生态阅读模式，将阅读主题、阅读要素、情智要素、教学环节、板书设计和教学反思进行有机融合；还通过呈现共享阅读的精彩瞬间，让读者体会到如何实现情生智长，进而达到情智并茂。四个版块有机结合，将一线教师的实践之路鲜活地呈现了出来。

"读书破万卷，下笔如有神""熟读唐诗三百首，不会作诗也会吟"，几句话，让阅读的重要性不言而喻。不会读，将陷入"死读书，读死书，读书死"之窘境。现今社会，书籍之多、书籍数量增长之快让人目不暇给。择什么书？如何读书？读书何用？这是今日我们必须深究的重要课题。《拈"花"含笑 情智并茂——小学共享阅读实践与研究》正是带着这样的思考，给了我们一个实践的样本。

朱永新教授说："一个人的精神发育史就是他的阅读史。"同样，一群人的阅读史就是一群人的精神成长史。阅读，是一种本源性的活动，借助共享，就能创造出丰富的人文活动，足以怡情，足以博彩，足以长才。胡宇名师工作室的教师就践行了以班为单位，以培植学生求真、存善的高贵品质为目标的共享阅读教学理念，通过共享阅读，将学生、家长和教师有机结合起来，实现群体的共同精神发育和精神成长；通过共享阅读，让精神成长映射出个人、班级、家庭的意义与价值。

阅读，是生活的方式，彰显生活的品质与品位；阅读，又是思想的对话，是人类精神的文化守望；阅读，更是一种生命与生命的互相映照与成全。共享是人类存在的基础，是人类发展的动力源，更是我们这个时代发展的重要理念。植根于小学的共享阅读，既提升了学生群体的生活品质，又让生生、师生思想得以交流、碰撞，拓展出更大的思想空间，实现对学生生命的守望。

近年来，四川大学附属实验小学在教育教学改革的实践中，以"学生事大"为学校文化源点和初心，以"五育融合、情智课堂"为核心抓手，深度推进课堂革命，取得了一系列的实践成果。胡宇名师工作室《拈"花"含笑 情智并茂——小学共享阅读实践与研究》则是其中的代表之一。情智课堂以"温暖人心，扶正人性，传递信念"为根本价值，以"儿童感、生活味、思维度、创新性"为课堂关键，以"学习方式的与时变革、学习资源的开发建构、学习过程的真实发生"为实施载体，全面促进学生的精神成长、智慧成长和健康成长。精神成长、智慧成长和健康成长的实践本质则为情生智长，"共享阅读的实践与研究"就是情智课堂在语文阅读教学中的呈现与诠释。

子曰"吾道一以贯之"，说明做事要取得成功或者更大的成功，旨在坚持、坚守，"共享阅读"的研究和实践也应如此。望胡宇名师工作室的教师们在阅读这块沃土中继续深耕，用你们的执着与担当，印证四川大学附属实验小学所倡导的"读书滋长乐趣、读书贵在运用、读书意在德行"。最后，赠四川大学附属实验小学首任校长一言，"宁可读书无用，不可用时无书"，愿此教诲深深融入每一个读书人的心中。

# 编者言

胡 宇

(四川大学附属实验小学)

此书，是一线教师们智慧的结晶。

此书缘起 2020 年，这一年注定是不寻常的一年。因为工作室的成立，大家的名字就在工作群里出现了，2020 年 1 月的那一天似乎就算是相识。而因为疫情，工作室教师们的相见则延迟到了 2020 年 6 月。由相识到相见，虽隔半年，但大家聚在一起却猛然发现，原来是这样一群爱读书、爱教育、与学生真情相守的人。相见即相知，于是，"共享阅读"就自然成为工作室的核心理念——让每一个学生成为终身阅读者，让每一位教师成为学生的阅读同行者，让多情的书卷与师生晨昏忧乐每相亲。

围绕着"共享阅读"，工作室的教师们开展了一系列网络教研。他山之石可以攻玉，每月一次的网上聚会激发了教师们对阅读教学改革的热情，促使教师们在指导学生阅读中产生了更多的想法，由此也产生了一系列的科研课题：信息技术背景下的小学低段绘本教学研究、小学中段群文阅读探究、小学高段的沙龙式阅读教学研究等。这些课题在教学中得以实践，在实践中不断得以改进，此可谓：知之愈明，则行之愈笃，行之愈笃，则知之益明。

就在这知行相互促进的过程中，一篇篇教学随笔、研讨论文如花般飘然而至。

这些随笔和论文虽是教师们零星的文字，但一定是一线教师心灵闪过的智慧；里面的内容，或许有些稚嫩，但一定是一线教师在与学生共享阅读中对教育生命的一种切肤的体认。

于是，将这些随笔和论文汇编成册，自然成了我——工作室牵头人，义不容辞的责任。

就这样，2020 年的寒冬腊月，工作室的教师们就开始整理、修改自己的论文与随笔。这一过程也助推我们围绕着"是什么？为什么？怎么做？"这三个问题更好地去认知工作室的核心理念——"共享阅读"，这恰恰与《礼记》

中的"慎思之、明辨之、笃行之"切合。仿佛天作之合，本书的三个版块慎思篇、明辨篇、笃行篇就自然形成。为了更好地呈现共享阅读开展过程中的精彩瞬间，后来又以"情智篇"作为第四版块，立足学生视角，呈现出师生校内自由畅谈的激情、网络平台共享阅读的欢愉……以此让读者更好地明了共享阅读的意义，即实现师生在阅读中情深智长、情智并发。

该书的编写历时一年，这一年自己与工作室的教师们已由相识到相知，再以这本书牵线而"相恋"。而参与编写这本书的教师们则由刚开始的实践共享阅读，到如今追寻阅读所蕴含的文化品格与生命境界。

感谢共享阅读，让我们以书为媒，聚在一起，翻开书，眼前流动的是文字，身边弥漫的是花香；感谢共享阅读，让我们在阅读的实践中耕耘、收获，让我们的文字如花，飘然而至；感谢共享阅读，让参与的师生在阅读中，自主去探寻人性中的纯真，培植人性中的至善，实现精神上的对话。

正因此，书名《拈"花"含笑　情智并茂——小学共享阅读实践与研究》流淌出来。

这本书不是写出来的，是教师们一年来携手同行，一步一个脚印"走"出来的。在这里，特别感谢四川大学附属实验小学集团校长刘晏、四川大学附属实验小学副校长黄颖给予这本书的关注与指导，感谢国际儒学联合会副会长、四川大学教授舒大刚老师在百忙之中为此书作序，幸甚之至。

书翻开，花即开。我们的教育之旅如花，我们的文字亦如花，萌动，绽放，化为春泥更护花！

# 目 录

## 慎思篇

**第一章 共享阅读的时代意义**……………………………（3）
　一、阅读的价值………………………………………（3）
　二、共享阅读产生的必然……………………………（5）

**第二章 共享阅读的解读**…………………………………（9）
　一、起源发展…………………………………………（9）
　二、概念特点…………………………………………（10）
　三、比对差异…………………………………………（12）
　四、目标定位…………………………………………（13）

**第三章 共享阅读的开展**…………………………………（17）
　一、共享阅读的实施策略……………………………（17）
　二、共享阅读的呈现方式……………………………（18）
　三、年段课程设计……………………………………（20）

**第四章 共享阅读校园篇**…………………………………（27）
　一、校内共享阅读的定位……………………………（27）
　二、校内共享阅读的策略……………………………（28）
　三、校内共享阅读的意义……………………………（30）

**第五章 共享阅读校外篇**…………………………………（33）
　一、校外共享阅读的定位……………………………（33）
　二、校外共享阅读的策略……………………………（34）
　三、校外共享阅读的意义……………………………（35）

## 明辨篇

**第一章 共享阅读的研究之路**……………………………（39）
　小学"共享式阅读"校本课程实践探究………………（39）

重塑教师角色，落实共享阅读的"质"与"量"…………………………（43）
　　探究小学生爱阅读的实施策略……………………………………（49）
　　基于核心素养下小学语文共享阅读的策略探究…………………（54）
　　小学共享阅读的实践路径…………………………………………（59）
第二章　共享阅读的实践之路……………………………………………（66）
　　小学阶段共享式阅读课堂教学探索………………………………（66）
　　小学低段阅读教学中的童话与现实
　　　　——"千万不要上当"主题阅读………………………………（71）
　　浅议小学课外阅读评价方式………………………………………（75）
　　借助多元评价　助力共享阅读……………………………………（81）
第三章　共享阅读的创新之路……………………………………………（86）
　　小学语文"假期共享阅读创新"之趣………………………………（86）
　　信息技术环境下的小学低段绘本阅读教学路径…………………（92）
　　以阅读策略为抓手　统整群文教学
　　　　——统编版语文教材三年级上册群文阅读教学探究…………（96）
　　《祖先的摇篮》教学中探索"1+X"阅读教学组文策略……………（102）
　　基于《青蛙卖泥塘》主题式共享阅读教学初探……………………（106）

# 笃 行 篇

第一章　低段绘本悦读……………………………………………………（113）
　　阅读主题：仔细找，完整说
　　　　——《动物王国开大会》《三个好朋友》绘本阅读整合课
　　　　……………………………………………………………………（114）
　　阅读主题：呵护心灵，与爱拥抱
　　　　——《我有点儿怕》绘本阅读……………………………………（120）
　　阅读主题：爱与友谊
　　　　——《对不起》绘本阅读…………………………………………（126）
　　阅读主题：好品质，学一学
　　　　——《小猪唏哩呼噜》绘本阅读…………………………………（130）
　　阅读主题：共读共情，共拟公约
　　　　——《我爱整理》《扫除大作战》绘本阅读写话整合课…………（134）

阅读主题：体会童趣，感受亲情
　　——《我家是动物园》绘本阅读……………………………………（140）
**第二章　中段群文共读**………………………………………………（145）
　　阅读主题：学用关键句
　　　　——群文阅读《秋天的雨》《富饶的西沙群岛》《海滨小城》
　　　　　《大自然的声音》…………………………………………（146）
　　阅读主题：水之韵
　　　　——群文阅读《望天门山》《饮湖上初晴后雨》《望洞庭》……（150）
　　阅读主题：童年的回忆，成长的故事
　　　　——群文阅读习作整合课…………………………………（155）
　　阅读主题：走进动物朋友，点燃阅读激情
　　　　——群文阅读《白鹅》《猫》《白公鹅》……………………（161）
**第三章　高段沙龙阅读**………………………………………………（167）
　　阅读主题：古人谈读书
　　　　——共享阅读《论语（选段）》《读书有三到（选段）》………（168）
　　阅读主题：读诗入画，品动态静态之美
　　　　——共享阅读《四季之美》《枕草子》《四时情趣》《春曙为最》
　　　　　…………………………………………………………（174）
　　阅读主题：借物喻人，由物及人
　　　　——共享阅读《野草》《四世同堂》………………………（179）
　　阅读主题：紧扣立意，精心选材
　　　　——共享阅读《夏天里的成长》《盼》《忙碌的早晨》《索溪峪的"野"》
　　　　　…………………………………………………………（184）
　　阅读主题：一种分别，多样情
　　　　——共享阅读五首送别诗……………………………………（190）

# 情 智 篇

学校　我们阅读的天地……………………………………………… 199
生活　我们实践的乐园……………………………………………… 204
创作　我们翱翔的天空……………………………………………… 210

# 慎思篇

"慎思篇"从阅读的价值出发，立足基础教育的实践，结合《义务教育语文课程标准（2011年版）》和当今时代背景，分析了"共享阅读"产生的必然。

"共享阅读"究竟是什么？它有什么特点？它的独特性以及目标定位是什么？这些内容将在本篇中一一诠释。

为了更好地帮助一线教师实现共享阅读，本篇还为大家提供了共享阅读的实施策略、呈现方式以及年段课程设计方案，并且为大家系统地阐述了在实施过程中，如何以"共享阅读"为抓手，将阅读与学生的生活、学习紧密结合，让校内阅读与校外阅读相互促进，最终实现阅读的情境化、生活化、趣味化，形成多学科融合的大语文观。

# 第一章　共享阅读的时代意义

## 一、阅读的价值

（一）丰富个人精神生活

当今社会，人们物质层面的需求已经得到基本满足，开始去追求更高层面需求的满足，即精神层面的自我实现。习近平总书记曾谈道："读书可以让人保持思想活力，让人得到智慧启发，让人滋养浩然之气。"尽管物质生活得以满足，但若没有精神生活的支撑，人就会空虚和萎靡。

在信息泛滥、知识碎片化的互联网时代，阅读不仅有助于满足自我的高层次需要，更能避免生活流于浮躁和盲动。我们不仅要阅读，更要有选择性地阅读：读好书、读经典，读文化、读思想。只有这样，才能提高我们的辨识能力，在海量的信息之中定下心、稳住神，筛选出能提升自我、丰富思想的有益食粮，实现我们物质生活和精神生活的双重满足。

对于小学生而言，阅读习惯的培养尤其重要。越来越多的小学生接触到短视频、营销号、快讯等新兴信息媒介，并将其视为自己主要的信息来源。这种短视频、营销号、快讯往往给他们带来强烈的感官刺激和情绪煽动，但内容缺乏深度。小学生本就处于自制力的发展阶段，长期依赖于这种媒介，不利于小学生形成良好的学习习惯和自制力，也不利于其进行深度思考。因此，我们要提倡小学生去阅读。通过深度的阅读，培养其延迟满足的能力，帮助他们构建起对某一个问题持续、完整、深入探讨的思维习惯，并进一步在探索中获取超越感官刺激的快乐，获得掌握知识与规律的更高层次的满足。

（二）提升社会人才素养

现代社会高度发展，各个领域都呈现出细分化、专业化的发展趋势，对高素质人才需求量大。教育工作的目标不仅是培养顶尖专家，还包括培养大量专业人才从事各个细分领域的基本工作。

这对基础教育阶段的教学也提出了很高的要求：要培养出大量"通才"的苗子，也要给予"专才"特定领域的启发，甚至奠定未来"专家"的素养基础。阅读，在这一阶段的人才培养中起到了重要的作用。通过阅读，小学生在家长和教师的引导下，广泛涉猎各个领域，获取各方面的基本常识，树立起正确的价值观，培养沉静专注自信的性格。

同时，科学技术快速发展，理论、技术不断更新换代。倡导阅读、正确阅读，不仅能培养学龄儿童，更能激发教师、家长的榜样自觉、求知热情，让教师与家长也能捧起书本，紧跟科学技术、思想理念的发展潮流，进而带动社会形成崇智重学的氛围，让社会人才素质得以全面持续提高，为社会主义物质文明与精神文明发展注入不绝的活水与新风。

（三）坚定民族文化自信

习近平总书记曾说："如果没有中华五千年文明，哪里有什么中国特色？"中华文化博大精深，可谓是一座宝库。但近代以来，西方的思想观念对中国造成了巨大冲击，加之全球化浪潮下的文化冲突，我们必须重拾文化自信。

文化自信，绝非群起而攻的民粹主义，也不是闭门造车的狭隘民族主义，而是一种深沉的热爱、深刻的思辨，一种作为精神底色的家国情怀。这种深沉的力量，植根于深刻的了解和认识。唯有通过广泛阅读，才能建立起足以支撑文化自信的知识体系。这要求我们不仅要去阅读、去领悟祖辈的光辉文化成果，也要全面了解西方的文化，还要对规律性的问题有所把握、有所思考。

对于学生群体而言，能够在传统文化的启蒙阅读中，建立文化自觉，树立正确价值观；在文化自觉的指引下，进一步广泛阅读，了解中西文化，构建完备的知识体系；在对中西文化深刻了解的基础上，提出问题，并通过阅读去尝试寻找这些问题的答案；在对文化差异和文化冲突的思辨中，认识到中华民族的智慧，从而树立起高度的、深层的、经得住考验的文化自信。因此，正确引导之下的阅读在培养民族新人、树立民族文化自信上，起到了凝魂聚气的重要作用。

## 二、共享阅读产生的必然

(一)《义务教育语文课程标准(2011年版)》的要求

《义务教育语文课程标准(2011年版)》(以下简称《课标》)在课程目标与内容中明确指出:学生应具有"独立阅读的能力,学会运用多种阅读方法。有较为丰富的积累和良好的语感,注重情感体验,发展感受和理解能力"。同时《课标》还要求学生"能具体明确、文从字顺地表达自己的见闻、体验和想法……具有日常口语交际的基本能力,学会倾听、表达与交流……初步具备搜集和处理信息的能力,积极尝试运用新技术和多种媒体学习语文"。

当然,众所周知,阅读本身就是运用语言文字获取信息、认识世界、发展思维、获得审美体验的一种重要途径。而阅读教学,则是要达成学生与教师、教科书编者、文本之间的对话。

立足《课标》,结合阅读教学的特点,我们不难看出,随着新课程改革的推动和不断发展,要求对语文教学内容进行拓展,要求教师运用科学合理的教学方式,借助新兴的教学手段,积极改善现行的教学模式,打造高效的语文课堂。

(二)语文学习的特点

美国教育家华特·B.科勒涅斯克曾说过,语文学习的外延与生活的外延相等。这句话很好地揭示了语文学习与生活的关系。诚然,语文课程本身就是一门学习祖国语言文字运用的综合性、实践性的课程,而语文课程的基本特点就是工具性与人文性的统一。语文课程就是要引导学生在真实的语言情境中,发展语言能力,发展思维能力。

这一真实的语言情境,就是要创设学生与生活中的人之间的情感交流场景。共享阅读就能引导学生通过阅读,实现与生活中的人的"对话",从而使阅读不仅仅停留在对内容层面的理解,还注重个体情感的体验,帮助学生在生活中主动积极思考,收获更多的感悟。这样的阅读,将引领学生多角度、多层次、全方位地积累文化知识,丰富人生素养,是为学生终身发展、全面发展奠定坚实基础的过程。

## （三）教材编排的指向

现在使用的统编版教材是围绕人文主题和语文要素双线组织的教学单元。陈先云在《统编小学语文教科书能力体系的构建》中强调"语文要素"包括基本方法、基本能力、基本学习内容和学习习惯。[①] 统编教材把这些语文要素分成了若干个知识点和能力点，由浅入深、由易到难地分散在了语文教材的不同年段、不同册次、不同单元。

结合一册教材，我们能清晰地看到每个单元的导语中有明确的语文要素，单元中的课文又落实了语文要素，各单元的"语文园地"安排的交流平台，则强化语文要素。该单元的课文依据语文要素，形成了精读、略读、课外阅读三位一体的阅读体系。精读课文，让学生学习阅读方法；略读课文，指导学生运用阅读方法；而课外阅读，借助"快乐读书吧"等栏目使课外阅读课程化，引导学生进行大量的阅读实践。

以语文要素构建起来的单元阅读过程，旨在帮助学生完成课外阅读与课内阅读的有机融合，从而更好地提升其阅读能力。

## （四）读写转化的诉求

阅读和写作，作为两大基本的语文素养，培养方式具有一定共性，既增进过程也相辅相成。要想写出生动活泼的习作，必须通过阅读来习得思维、感悟情趣。这种阅读，区别于课文的分析讲解。课文的分析讲解是阅读方式的示范，其最终目的是使学生将分析的过程内化为感性的洞见，并能够借此审视和锤炼自己的语言。若在阅读中，仍然以教师的分析讲解来代替学生的自主阅读实践，学生便会缺乏自主的锻炼，语言无法达成量的积累，语言表达能力也就难以提升。

阅读是学生自主的体悟，是与文本交心的"输入"过程；共享则是学生语言的"输出"，将阅读的感悟化为自己的语言，与他人交流，有利于其表达能力的强化。教师作为阅读活动的组织者和阅读实践的陪伴者，应给予学生阅读的自主性、独立性和选择性，坚持以阅读为主线，让学生能够从阅读中丰富，在交流中运用，让学生能自主理解，将阅读的感悟内化于自我表达方式，通过说和写实现与他人、与社会的交流融合。

---

[①] 陈先云. 统编小学语文教科书能力体系的构建［J］. 小学语文，2019（增刊1）：4—11.

## （五）时代发展的趋势

1. 网络阅读的发展。

随着信息技术的进步，网络阅读以其便捷性与丰富性受到越来越多人的青睐。

网络阅读天然具有共享的特征。线上书城实现了书籍资源的共享；各种论坛促进了阅读感悟的共享；在各大在线阅读平台上，读者甚至可以与作者直接对话，思维成果也能得以共享。通过网络，读者能看到关于一些著作的导读和书评，这既降低了名著的阅读门槛，也有利于读者借鉴他人的想法，形成自己的见解。同时，网络会主动关联相关的内容，使得读者能够由此及彼，在广泛的关联阅读中，深入某一喜爱的领域。

2. 全民阅读时代的到来。

新时代，人们的阅读诉求不断发展。从想看书，到想看好书，再到想随时随地地看书，这是全民文化水平不断提升的结果，更是人们阅读需求不断深化的结果。

阅读，已不仅是获取信息的渠道，更成了一种生活方式。政府持续推进公共文化服务设施的建设，力倡全民阅读，推进阅读场所的建设，如书店、图书馆、社区书吧，丰富文化场景的构筑，如开展文化讲座、读书会、书籍漂流等，让阅读与社交、生活情调、娱乐方式相关联，使读者更有参与感、获得感。这样的阅读社会，对于学生阅读习惯的养成、交流热情的提升，无疑提供了良好的环境。

## （六）小学生阅读现状

1. 优质书目缺乏。

走进阅读现场可以发现，学生并不缺少读本，缺少的是经典。虽然学生都在阅读，但是由于对读本缺少辨识能力，再加上大多数家长认为，只要孩子在看书就是好的，因此，对于孩子看什么没有引起足够的关注和重视，导致一些内容质量较差的书籍也在学生中有所流传。但是，由于这些书插图不美观，语言表达不规范，不仅干扰了学生审美能力和语言能力的发展，甚至会伤害他们的身心健康，影响其积极正向人格的形成。

2. 阅读时间不足。

我国著名语言学家吕叔湘先生说过，他学习语文，三分得益于课内，七分得益于课外。现在小学生的语文学习现实却不容乐观：不少家长都存在认知上的误区，总觉得孩子看课外书就是在看"闲书"，他们恨不得孩子每分每秒都在完成教辅资料。这样的情况下，学生的阅读时间少，学生会做题，但不会阅读，其阅读能力的提升也举步维艰。

3. 阅读方法不当。

学生阅读能力培育整体水平较低，首先表现在校内阅读教学在知识体系搭建上缺乏连贯性和整体性，其次在于对校外阅读缺少目标指引及阅读指导。这导致学生没有积极的阅读动机，即使去阅读，也不能做到用心去感受、去理解、去领悟。产生的后果是学生阅读大多是走马观花的消遣，主动探究、钻研的欲望不强，遇到困难就回避，阅读中存在着碎片化、浅层的输入，会读但不懂。这样的阅读违背了阅读的本意。

4. 阅读同伴的缺少。

在阅读中交流分享非常重要。《课标》中也提出：教师应加强对课外阅读的指导，指导学生开展各种课外阅读活动，创造各种展示与交流的机会。虽然现在教学中流行小组合作，但总体上呈现的情况是：学生课堂中交流多，分享阅读感悟少，发表自己的观点多，听取别人的讲述、进行深度思考少。阅读交流大多停留在汇报这一层次。同伴互助的阅读，在日常生活中没有得到训练，学生更多的是依赖于教师指定文本，通过做阅读题来完成阅读任务。师生围绕一篇文本以小组共享阅读的方式一起读一起谈，实现文学体验性的阅读，让师生在共读中互相追问，在追问中深度思考，把自己思考到的感受，再次与他人进行交流。这样真正的同伴互助式阅读恰恰是现实中所缺失的。

# 第二章 共享阅读的解读

## 一、起源发展

"书非借不能读也。"共享阅读不仅意味着"阅读",还强调主体之间的合作和相互交流。我国向来有重文重学、以文相交的传统。《礼记》有言,"独学而无友,则孤陋而寡闻";《论语》称,"君子以文会友,以友辅仁"。所谓同声自相应,同心自相知,古代文人常常雅集论道,相约赋诗,明代甚至将印制文集互相馈赠作为一种社交礼仪。做学问不仅要闭门苦读,更要讨论与交流,才能有所收获。《礼记》说的教学相长,正是如此。"教"是引导学生对自己的阅读感悟进行表述和阐发。在这一过程中,学生充分调动自己的思维,使自己所学的内容更加全面与深刻,这正是传统智慧的启迪。

学习中缺少与好友的交流切磋,则会使知识面狭隘,见识短浅。阅读中缺少伙伴之间的共赏交流,难免一知半解,视野狭窄。当今时代,知识爆炸,经济发展,社会、家庭和学校有能力建立各种各样的图书馆和书库,可供学生阅读的材料众多,共享阅读的方式也越来越多元化。第十八次全国国民阅读调查结果显示:0~17周岁未成年人图书阅读率、阅读量均高于上年,超七成未成年人接触过数字化阅读。2020年我国0~17周岁未成年人的人均图书阅读量为10.71本,比2019年的10.36本增加了0.35本。对亲子早期阅读行为的分析发现,2020年我国0~8周岁儿童家庭中,平时有陪孩子读书习惯的家庭占71.7%,较2019年的70.0%增加了1.7个百分点。[1]

2014年以来,"倡导全民阅读"连续七年被写入政府工作报告,而在2016年发布的《全民阅读"十三五"时期发展规划》(以下简称《规划》)的纲要中更是提出"推动全民阅读"。在《规划》中,明确将全民阅读工程列为"十三

---

[1] 中国新闻出版研究院全国国民阅读调查课题组. 第十八次全国国民阅读调查主要发现 [J]. 新阅读,2021(05):7-9.

五"时期文化重要工程之一。由"倡导"向"推动"的政策导向，明确了全民阅读工程的发展已经上升至国家战略高度。

基于此产生的共享阅读成为当下社会文化服务中一种新的模式。如在公共图书馆领域，海南省图书馆推出 24 小时开放的"共享书箱"项目，将处于闲置状态的图书资源推向社会，突破了时间和空间限制，为读者换书活动提供了便利。① 上海市虹口区图书馆开发的"洄游书屋"项目，遵循以书换书的交换原则，充分挖掘图书交换的社会价值，打造阅读分享品牌，具有针对性、创新性和多样性等鲜明特色。而在书店的创新营销、服务方面，安徽省合肥市的三孝口新华书店推出的"阅+共享书店"项目，让阅读成为共享之乐，其核心特色为"借转购，阅读奖学金，阅读补贴"。②

国家倡导全民阅读，学校教育是推动全民阅读的主阵地之一。开展共享阅读，让学生提升阅读的兴趣，提高阅读的能力，逐步培养成阅读的好习惯。与此同时，在全民阅读的大环境下，使共享阅读的资源价值惠及学生及周围的人，真正让共享阅读成为促进全民阅读发展的一种新理念、新模式。

## 二、概念特点

（一）概念解析

"共享"是当今社会的热门主题之一，共享单车、共享汽车、共享书屋……《现代汉语词典（第7版）》中对共享的解释为：共同享有，共同享用。共享理念的提出，旨在按照共享资源服务的原则，让社会资源在一定范围进行重组与整合，形成一种脉络分明的空间联系，使资源的配置达到或接近最优状态，形成资源分级共享的目的。

"阅读"是运用语言文字获取信息、认识世界、发展思维并获得审美体验和知识的活动，是一项主动的、长期的、潜移默化的精神思维活动。阅读可以提升自我认识，陶冶人的情操，改变人的思想，提升人生的价值，促进社会的发展。

"共享阅读"是指个人或者集体将可供阅读的资源分享给个人或集体的一

---

① 赵宇顺. 快约起！海南省图书馆推出共享书箱子，每月400本书流向社会[EB/OL]. https://society.huanqiu.com/article/9CaKrnK4vnI.

② 安徽新华发行集团. 全国首家共享书店落户合肥三孝口新华书店——安徽发行集团启动共享阅读之旅[EB/OL]. http://www.wxm.com/News/newsDetail?newsId=326.

种行为。这是一种有目标、有计划的阅读传播活动。共享阅读将"读书"与"读人"相结合,是阅读资源和阅读感悟的一种分享和延伸。小学共享阅读则是立足于学生语文素养的长远发展,分年段实施的阅读资源重组与整合的活动方式。在这一过程中,做到阅读个体与群体在活动中的融合,让表达与交流协同互助、校内与校外贯通,采取灵活多元的方式形成脉络分明的阅读空间,使阅读资源的配置达到最优状态,最终实现阅读资源分级共享,学生听说读写能力发展的真正平衡。

(二) 特点解析

1. 乘法式知识累积获得。

一人独阅,是一本书与自己的"对话",是加法式阅读;共享阅读,是多人与多本书之间的"碰撞",是乘法式阅读。共享阅读的阅读宽度和阅读深度较个体阅读更宽更深了,获得知识的过程是自主广泛阅读的累积过程和共享交流阅读的丰富完善过程。共享阅读让无知的人变得有知,让求知的人从中获知,让更多的人达成共知。

2. 多元化阅读方式优化。

21 世纪是大数据时代,数据的洪流气势越来越大,分支也越来越多,全新的数据呈几何级数增长,数据的数量和增长速度正颠覆着人们探索世界的方法,驱动产业间的融合。曾经单一传统的"青灯黄卷式"的阅读方式逐渐被即时的在线浏览、移动阅读、图书漂流阅读等多元化阅读方式裹挟优化。在海量的阅读资源中,如何发现、选择有价值的阅读资源,提高国民尤其是学生的阅读能力和阅读品位是关键。只有大力倡导形式多样、不拘一格的阅读方式,才能优化阅读方式。他山之石可以攻玉,让个性化阅读与群体阅读结合起来,在阅读中交流碰撞,在使阅读的深度和广度不断延伸的同时,构建出全民深阅读、广阅读的"阅读新时代"。

3. 国民素养提升的路径。

共享阅读,是以文化创新繁荣发展为背景的文化战略体系的有机组成部分,在文化价值的体系中彰显出了个体的主体性(尊重人的主体地位)、能动性(主体的自我认识和超越)、平等性(普遍均等化)、社会性(社会文明)等特性。[①] 在共享阅读的过程中,阅读资源的共享,发挥着独特的社会规范功能,影响着全体国民的人生观、价值观以及对国家文化发展的价值共识。而在

---

① 朗玉林. 对全民阅读价值哲学的理性思考[J]. 图书馆,2015(12):34-34,45.

共享阅读的过程中,个体的阅读行为也通过价值选择,形成具有正向价值导向作用的凝聚力、影响力和渗透力,从而影响更多个体的阅读实践活动。

由此看来,全民共享阅读是一种在国家倡议和推动下的文化认同,也是全民增强自我文化意识和文化自信的主体性表现。而共享行为本身,也通过个人在阅读中呈现出的阅读价值感知和内化,发展了个人的人际交往能力与参与社会文化价值创造能力,同时也提升了个人素养。共享阅读,培养了人们的认知能力和分享合作精神,提升了人们的鉴赏水平和阅读能力,架起了人与人之间沟通的桥梁。因此,共享阅读是形成中华民族共同语言和社会精神密码的有效方式,也是提升国民阅读兴趣和能力以及综合素养的重要途径。

## 三、比对差异

(一)共享阅读与个人阅读的差异

共享阅读是相对于个人阅读而言的一种阅读形式。个人阅读是指一个人阅读某本书,不与他人交流阅读的感受、困惑和心得,所以又被称为自主阅读。个人阅读强调的是阅读者个体行为,是阅读者通过独立的分析、探索、实践、质疑、创造等方法来实现阅读目标的阅读方式。个人阅读主要是阅读者主观投射地看,这一过程是个体独自对话文本、对话作者、对话语境的过程。

共享阅读则是个人或集体将阅读的感受、困惑和心得,分享给他人的一种阅读形式,强调阅读者带着自我阅读的理解和相关问题去倾听别人的观点,并主动积极组织语言与同伴讨论,甚至辩论。共享阅读注重同伴之间自由的分享,这一过程能提升个体阅读的兴趣,让阅读者在交流中不断猜想及思考,促使其在阅读中去验证,加深了阅读理解,提升了批判力和创造性思维。在共享阅读过程中,因为与同伴的交流沟通,加深了阅读者相互间的理解,增进了彼此的友谊。

(二)共享阅读与阅读教学的差异

共享阅读是以所阅读的文本为基础,以阅读、共享为主要活动方式,没有明确的时间、地点,注重同伴分享。与传统阅读教学相较,强调的是"课程化",即以"共享阅读"为核心,依据学情,设置相切合的阅读课程;强调的是阅读方法的引读,为学生创造阅读感想的展示和交流的机会,营造良好的阅读氛围,让学生在真实的阅读过程中丰富积累、收获体验、培养语感。

阅读教学特指在学校实施的语文阅读课堂教学，有明确的时间、地点，强调的是"课时化"。由于阅读教学与教科书紧密联系，因此清晰的教学目标成了检验阅读教学是否有效的标准。由于教学目标的设置，阅读教学的实施者——教师，立足教学目标，对文本进行细致的分析讲解。这样的教学过程，常常会以教师的解读代替学生的体验与思考，从而影响学生个体的独特感受和理解。

由此看来，共享阅读在激发学生阅读兴趣、优化学生阅读方法、提升学生阅读素养上具有显著优势。

## 四、目标定位

（一）全方位塑造一个阅读者

朱永新说："一个人的精神发育史就是他的阅读史。"学生的改变，从阅读开始。"读万卷书，行万里路"强调多读书，重实践；"学而不思则罔，思而不学则殆"重视勤思考，多交流。共享阅读既强调读万卷书，也重视学思结合，更指向有深度的分享交流，相对于传统的阅读，它能为学生带来更为积极的改变。

1. 激发学生阅读兴趣。

"阅读行为本身便会提升阅读的兴趣。各种校内自由阅读研究都有一个共同的发现，就是参加阅读活动的学生在课程结束后仍然会持续自由自主阅读，这种情形比参加传统课程的学生多得多。"[①] 共享阅读，能够使阅读主体之间产生思维碰撞，增强师生、生生之间的情感联结，从而加强学生参加阅读活动的有趣体验，为其提供持续阅读的动力。

共享阅读的资源非常丰富，不应限于课本，更多的是在课外的阅读拓展。学生可以根据自己的时间、兴趣爱好有选择性地进行阅读，对图书进行个性化的解读和展示，在共享交流中与他人进行思想的交流碰撞，多角度欣赏不一样的图书作品，既开阔了阅读视野，丰富了阅读积累，又愉悦了身心，发展了自己的个性。因此，共享阅读受到了学生的喜爱和推崇，提高了学生的阅读兴趣。

---

① 〔美〕斯蒂芬·克拉生. 阅读的力量[M]. 李玉梅，译. 乌鲁木齐：新疆青少年出版社，2013.

2. 优化学生阅读方法。

在共享阅读的过程中，师生共同经历真实的、大量的阅读活动和积极的、开放的交流活动，学生个体的阅读经验能够持续增长。

阅读一本书，要让阅读思维更开阔，就需要精读与泛读的交替转换，精细品评与快速浏览的变换使用。而通过共享阅读，在阅读资源共享中，阅读者之间的交流、沟通促使多种阅读方式自由转换，阅读者在这一过程中自然地解决了阅读困难。因此，共享阅读更适用于优化学生的阅读策略和方法。

3. 培养学生阅读习惯。

共享阅读开展的前提是学生的自主个性化阅读，在学校和家庭的阅读氛围影响下，学生每天坚持阅读一定时间的好书，有了前期的阅读体验，阅读中期的以亲子、同伴、小组、班级或者学校、社区为单位组织的共享交流就得到了保障，学生会自然地想说、会说、爱说。阅读后期，学生从共享交流中获得经验或者启示，会更有意愿继续阅读或者进行图书漂流、阅读创作欣赏等，阅读在不知不觉间就能成为学生每天学习的"必修课"。

正如毛泽东同志所说："饭可以一日不吃，觉可以一日不睡，书不可以一日不读。"共享阅读培养了学生良好的阅读习惯。

4. 提升学生阅读素养。

关于"阅读素养"，"学生能力国际评估计划"（The Programme for International Student Assessment，简称 PISA）认为是"对书面文本的理解、运用、反思并积极参与阅读活动的过程，以增进知识，发挥潜能，参与社会，实现个人的目标"。国际阅读素养进展研究（Progress in International Reading Literacy Study，简称 PIRLS）将阅读素养界定为：读者出于社会或个人的需要，理解并运用书面语言，具体包括能够从各种形式的文本中建构意义，能从阅读中学习，参加学校及生活中阅读群体活动，从中寻找乐趣。从两个权威的解释中我们看到，两者都强调阅读与学习、阅读与生活的联系，同时国际阅读素养进展研究还把"乐趣"放到了重要的位置，这都与"共享阅读"的理念不谋而合。共享阅读注重的就是在和谐氛围中的阅读与交流。

而共享阅读的读本经过筛选，其艺术性和文学性俱佳，学生通过大量的、有计划的、有目的的阅读积累，能拓宽视野，丰富知识储备，语文阅读和写作能力也能得到很大程度的提高。共享阅读的过程充满着欢乐与创新，不仅能培养学生的认知、探索、思考、发现、答疑的能力，而且能让学生学会分享、交流、合作，能提升学生的综合素养。

（二）定本位形成阅读同行人

文化是滋养心田的土壤，阅读是培养学生的良方。在共享阅读中，教师突破了传统的束缚，与学生一起主动地、大量地阅读课内外好书，多形式分享阅读心得。这时，教师的角色也发生了转变。

1. 教师由教书匠变为阅读者。

阅读不能改变人生的长度，但是可以拓展人生的宽度和深度。在共享阅读中，教师不再只是讲授几本内容有限的教材，而是面对海量的阅读资源。传统的阅读教学仅限于课堂课本解读、课外阅读书目推荐，而共享阅读突破了课内外限制，突破了单本、被动阅读常态，让阅读资源共享，学生的阅读自主性增强，阅读量增大，阅读广度和阅读深度拓展。

在共享阅读中，教师也在阅读，因为阅读的过程就是信息吸收和成长的过程。阅读，让教师博学多才、与时俱进、提升悟性、轻松施教。阅读，让教师的教育教学理论时常更新，让教师的知识水平和精神境界保持高度，与学生的沟通也能更为顺畅有效。在这一过程中，教师不再只是传道授业的教书匠，还是知识渊博的阅读者，教师成了学生阅读最好的榜样和伙伴。

2. 教师由主讲者变为指导者。

传统的阅读教学忽视学生的阅读兴趣，服从于考试的需要，教师的要求单一，统一规定学生课内外阅读的内容和要求，学生被动接受。

共享阅读强调学生主动的、积极的、个性化阅读，互动分享阅读体验。在这一过程中，教师转变角色，少讲多导，先当学生的服务者和活动的组织者，为学生阅读指明方向，提供阅读材料和共享方式，再当学生的指导者和共享者，在阅读活动中与学生分享阅读方法、交流心得，指导学生欣赏品味好书；同时，也重视培养学生的阅读习惯，设计可持续发展的阅读规划，让学生读有所思，读有所获，实现阅读能力的提升。

3. 教师由讲授者变为传承者。

阅读好似种树，好书就是生命力顽强的种子，是阅读者成长的良师益友，阅读的价值就是让种子逐渐生根、发芽、茁壮成长，最终成长为一棵棵参天大树。共享阅读就是一种资源共享的浸润式阅读，教师在指导学生阅读时，自己也置身其中。

共享阅读的资源是经过了家长的筛选、教师的指导、同伴的推荐后流行起来的，这些资源往往是经典的优秀书籍、各个领域的代表作品，其人物形象、思想观点符合国家和社会的核心价值要求，有利于学生思想品德素质的提升。

教师在与学生共同阅读这些文学作品时，就是在共享民族优秀文化成果，发现精神文化密码，与学生一起主动地传承和弘扬民族文化、传播社会价值，以阅读砥砺初心、滋养品质、丰富人生、润泽心灵。

# 第三章 共享阅读的开展

## 一、共享阅读的实施策略

（一）选择适切的阅读文本

苏赫姆林斯基指出，给孩子选择合适的课外读物是教育者极其重要的任务。这就要求教师为学生精心确定阅读书目，然后有计划、有步骤地向学生推送优秀的、能吸引学生的阅读文本。

1. 根据《课标》有效选择。

《课标》规定小学 6 年的课外阅读总量不少于 145 万字，并提出了关于课外读物的建议，供师生参考。

2. 依托教材链接读本。

关于阅读读本，统编教材中有阅读专题版块。教师只需研读文本，深度备课，借助"快乐读书吧"或课本中的内容，就能引出精彩的阅读文本。

3. 立足需求选择读物。

根据学生所处的年段，结合学生的年龄特点及认知规律，紧密联系学生的生活，为学生选择当下最适合他们读的书，并组织学生开展系列的专题阅读活动。

（二）探寻有效的动力机制

1. 制订可行的阅读计划。

当阅读有了明确的目标和具体的步骤后，学生就可以协调自己的行为，使阅读有条不紊地进行。

2. 创设良好的阅读环境。

阅读需要时间和空间，教师应该探寻学生可利用的时间，发掘学生生活环境中可利用的空间，营造出最佳的共享阅读氛围。

3. 创新完善阅读评价方法。

为了保证共享阅读的质量，教师可在班级开展"阅读之星"评选活动，也可利用信息技术开展"打卡阅读"，家长协助完成，并在班级群里及时分享自己孩子当天阅读情况。教师在线上、线下及时对学生阅读情况进行反馈，并对家长就如何培养孩子的阅读兴趣及习惯进行指导。多维度的阅读评价，能更好地提升学生阅读的积极性，让共享阅读者获益最大化。

（三）形成年段的阅读课程

学校是指导学生进行共享阅读的主阵地。教师要充分利用好课堂，变课堂为学生共享阅读的场地，把阅读资源的分享交流作为课堂阅读教学的主要方式，分年段设置阅读课程，实现共享阅读效果的最优化。

（四）开展有序的阅读指导

教师要在阅读实践中，引导学生掌握阅读方法，为其自主阅读扫除障碍，提高学生的阅读效率。这就需要教师在共享阅读开展之前，首先了解共享书目的相关内容，引导学生在拿到书后先去关注书名、作者、目录、序等，帮助学生在阅读时找到方向；其次，在实施共享阅读时，结合多种方法，帮助学生从浅阅读走向深阅读，从而使阅读更加深刻、更加丰富。

## 二、共享阅读的呈现方式

统编教材中新增的"快乐读书吧""和大人一起读""我爱阅读"等阅读专题版块，目的在于引导教师重视对学生阅读课程的研究，把学生阅读纳入课程视野。因此，聚焦学生阅读现状，以统编教材来指导学生开展共享阅读，就要努力探寻共享阅读实施的新路径。

共享阅读的核心在于"共享""阅读"。从这两个词出发，可以开展亲子阅读、读书沙龙、读书漂流、网络共享阅读，乃至与同学交流聊天等。由此看来，共享阅读形式多样，不受时间地点制约，只要在阅读，并把自己的阅读与他人分享，共享阅读就发生了。

（一）亲子阅读

亲子阅读可以被称为家庭的阅读，它主要是指家长与孩子一同参与阅读活动，是建立在家庭关系基础上的共读。这种阅读形式融入了浓浓的亲情与血缘，搭起了家庭成员之间精神沟通的桥梁。教育生态研究成果显示，如果把学校和邻居这些环境对孩子的影响全部加起来，还不及家庭对其影响的一半。瑞典教育学家哈巴特曾说过，一个父亲胜过一百个校长。由此可见，家庭教育在孩子早期成长过程中扮演着重要角色。

近年来，亲子阅读在国内逐渐走红，成为家庭阅读的主要形式，体现了现代家庭对孩子阅读的重视。我国儿童文学家梅子涵曾说过，亲子阅读是一种家庭阅读的方式，亲子阅读不仅有教育子女的功能，还是一种示爱方式，家长在满足孩子的过程中还表达了自己对孩子的爱。

（二）读书沙龙

读书沙龙是指一群人定期聚会，针对某个主题进行有组织、有计划的阅读，是一种轻松活泼的书友交流聚会方式。在聚会中，通过组织者的激励，参与者会进行讨论，相互启发，围绕感兴趣的问题，自由表达，从而加深对阅读文本的理解。在读书沙龙中，参与者的交流过程就是阅读互动共享的过程。读书沙龙是人与书自然结合的重要渠道，让读者以阅读文本为中介，以交流为方法，实现了深度阅读。这恰恰是共享阅读的目标与归宿。读书沙龙在自我教育的作用中十分突出，也为阅读个体的终身学习提供了有利的条件。

现代社会强调终身学习，每一个人都要与阅读相伴才能不断地更新自身的知识体系，紧跟社会发展的步伐。读书沙龙则强调自主学习的多元性，体现出合作交流、积极分享的特点。在读书沙龙中，通过组织者启发式的问题引发参与者多维思考，在多向交流互动中产生思维碰撞，从而使个体获得不同层面、不同角度的信息与理解，更加明了自己的体悟，也更能深入领会阅读文本的精华，启迪自己的深度思考。可以说，读书沙龙是一个启迪心智、启蒙思想的场所。

立足于小学生认知发展水平开展沙龙式阅读交流，能更好地构建书香校园，达成共享阅读。教师立足于小学生认知程度，根据《课标》和教科书，确定一个切合学生生活的"话题"，选择、推荐与该话题相关的书籍，在学生自主阅读并收获个体感悟后，创设一种自由宽松的阅读交流情景，引导学生自由地展开交流讨论，能最大限度地实现阅读体验的共享。

（三）读书漂流

读书漂流是指书友将自己不再阅读的书贴上特定的标签，投放到公共场所无偿地提供给拾取到的人阅读，拾取的人阅读后，根据标签提示，再以相同的方式将该书投放到公共环境中。读书漂流传递的是书香,在分享信任的过程中让书籍实现传播知识的价值。

读书漂流同样也适用于共享阅读。学生带上一本喜欢的图书,标注上自己的姓名并放置在班级图书角,参与班级图书分享以及整个年级的图书漂流。每一周定一天下午为图书借阅日,学生可从本班或其他班级中借阅一本自己喜欢的图书,利用周末与家长进行亲子阅读,周一归还。每学期设置读书月,在这一个月中每周定期让学生分享"读书漂流"中所获得的心得,并以图文并茂的方式记录,学校开设展台供学生展示交流。

读书漂流,是共享阅读的一种呈现方式,能更好地让学生与书为友热爱阅读,让阅读的习惯丰盈学生的生命。

(四)网络共享阅读

网络时代的到来,让阅读的形式更加多元化,沟通更加便捷。

网络共享阅读是指读者以互联网为基础,利用互联网工具进行的以文本为主体的阅读、推荐、分享、评价等活动。网络共享阅读能够让阅读者及时地进行阅读、发表观点、分享阅读体会。因此,网络共享阅读呈现出了便捷性、高效性和广泛性。网络共享阅读不仅实现了海量资源共享、信息增值,也实现了广泛性的交流,还达成了读者之间的及时互动沟通。现在学校广泛地通过QQ、微信、钉钉等网络互动工具,搭建了学校与家庭社会交流的平台,而这正是教师可充分利用的实现网络共享阅读的最好平台,通过网络及时地帮助学生实现资源的共享、阅读体会的及时沟通交流,能更好地激发学生阅读兴趣。

## 三、年段课程设计

(一)低段"绘本悦读"

1. 概念解读。

利用网络平台,立足小学低段学生学情,借助信息技术手段,依托绘本的"儿童性""图文合一性"、作者的"独创性"和读者阅读的"开放性"等特点,构建网络与绘本阅读深度整合的教学方式,激发学生阅读热情,调动学生已有生活经验,从而拓展小学低段学生阅读空间,指导学生自主、独立地阅读绘本,达成培养学生感知和理解能力的目的。

2. 操作方式。

（1）形成主题式的绘本课程"二分"策略。

"二分"策略是对已有绘本资源的两次分类方法。"一分"以人文主题和语文要素的双线并联为依据，对绘本进行一次大的类别筛选；"二分"则在确定主题后，精准聚焦训练点进行一次细化绘本的分类。

"二分"策略实施分为四个环节：首先是绘本分类，让参研教师以之前建立的绘本电子书库为选品基础，从所教学生的特点出发，对绘本进行分类；然后确定主题，让教师立足于低段学生的经验世界和想象世界，围绕绘本资源进行深入的思考，在绘本教学设计中，以绘本为依托，创设出多角度、多层次的多种课程；接着厘清目标，即在明确的主题下，结合学生当前的实际情况，从绘本中挖掘出工具性、人文性，以此找到触发点、共振点、兴奋点，挖掘出绘本的人文和语言训练点，让教学目标清晰、明确；最后是在清晰的目标指引下，教师设计详细教案，形成可借助网络平台实施的云端阅读教学课程。

由此我们发现，主题式的绘本课程"二分"策略是立足在学科整合基础上的一种以绘本为支撑的新型课程设置思维方式，达成了跨学科课程整合。这种课程整合，既是课程内容组织形式上的整合，也是一种新的课程设计理论，即把具有内在联系的不同学科、不同领域的内容整合成一门新的课程。

（2）构建"1+X"的周训练模式。

以一本绘本为依托，按照一周5节课的规律，设置每节课5分钟语言训练。这样的训练，丰富了网络学习内容，也让绘本阅读"落地生根"。

星期一"看一看"：教师出示绘本电子书，让学生仔细地看绘本内容，边看边想。图文对照地看，能帮助学生发现绘本图画中蕴含的丰富内涵。

星期二"读一读"：教师推送绘本微课，让学生听教师讲故事。同时，教师把这本绘本通过网络平台推送给学生，让他们自己模仿教师的语气读绘本，并将自己最满意的一部分录制成音频，分享到学习平台。（这一环节后来逐步演变为由一位学生提前录制绘本微课。）

星期三"讲一讲"：利用教学5分钟，鼓励学生讲绘本。大家点击欣赏其他同学的阅读音频。这一环节给予了学生展示的空间，培养了其表达的自信。

星期四"说一说"：教师围绕绘本训练目标（细化的训练点），让学生说一说绘本的相关内容，或是联系学生生活说一说与绘本相关的内容。如：你最喜欢谁？为什么？你生活中有这样的人吗？

星期五"写一写"：结合绘本的主题，联系一周的看、读、说，在明确了写什么的前提下，学生完成"周末写话"。

(3) 研发"六个一"绘本网络"悦读"策略。

"六个一"即看一看、听一听、想一想、说一说、讲一讲、做一做。首先教师在网络共享阅读正式开始前提前传送绘本电子书，通过"看一看"让学生明确阅读要求。接着，在课堂上，教师将绘本微课播放给学生看。"听一听"是让学生在背景音乐的伴奏下，看着绘本中熟悉的插图和文字（提前已阅读），聆听绘本故事。生动的人物形象、有趣的故事情节在教师的讲述中如影片一样呈现，让学生沉浸其中，不知不觉就积累了精彩的词句。结合绘本的关键处、精彩处，教师出示相应的问题，引导学生"想一想"，激发学生对故事中人文精神的关注。紧接着，教师以单张图片为支撑，学生依据之前了解到的绘本的内容，结合自己最感兴趣的图片来讲述故事。最后一个环节是"讲一讲"和"做一做"。"讲一讲"，是学生在模仿教师所讲的故事的基础上，完成自己对绘本故事的再创作和分享。而"做一做"即创编绘本和实践行动，是网络绘本共享阅读的延伸。

（二）中段群文阅读

1. 概念解读。

群文阅读是教师为了更好地讲解阅读知识，提升学生的阅读能力而发展的一种共享阅读教学形式。它是师生围绕一个主题，选择一组结构相似的文本，引导学生围绕主题开展的立体化的阅读，帮助学生在阅读中提出自己的观点，提升阅读力和思考力，进行多元的语言实践过程。群文阅读强调师生共同参与、集体建构和寻求共识，打破了传统的就教材教教材的教学方法，倡导从教材出发，依托主题，整合有关联度的一组文本，丰富了阅读材料，实现了学生阅读量的扩充和情感价值观的升华。

小学中段学生初步具有抽象的批判思维，有了情感表达与宣泄的需求，识字能力增强，阅读文本的数量逐渐增多，阅读的范围逐渐扩大，因此这一阶段是小学生语文素养全面提升的关键阶段。中段群文阅读可以有效地增加学生的阅读量、扩大学生的阅读面、提升学生的阅读速度，强调学生在阅读过程中的自主发现、共享感悟，能为学生语文素养提升奠定扎实的基础。

2. 操作方式。

(1) 确定阅读主题，收集合适的群文阅读材料。

群文阅读的对象是一组文本，需要教师以某种顺序或者逻辑组合起来供学生阅读。文本既可以是语文教材，也可以是课外的优秀作品，教师按照需要对阅读材料进行多样化组合。特别是现在，学校使用的统编版语文教材，是围绕

"人文主题"和"语文要素"双线组织单元，每个单元围绕同一主题选编相似的几篇文章。教师可以借助既定主题，或是重新确定主题来进行单元整体设计，实施群文阅读教学以强化学生对于某一事物、现象、态度的深层次理解和感悟。因为主题式的群文阅读，可以让学生对主题有更深刻的记忆和理解。

群文阅读材料的选择面非常广，教师可以根据一篇文章的主题、表达情感、作者、时代特征、写作方法等不同方面选择群文主题，在课外寻找优秀的同主题的文本设计"1+X"群文阅读课。比如统编版小学语文四年级下册课文《白鹅》描写动物的可爱，表达方法和写作手法特征突出，可以在课外选择同类型的描写动物的文本《白公鹅》和《猫》，对比阅读三篇描写动物的文章，指导学生在阅读中梳理作者文章结构、写作手法、独特的表达方法和情感传递方式，引导学生留心观察身边的事物，选择自己喜欢的动物，结合文中的表达方法和写作手法，试着将自己喜欢的动物的特点写出来并表达自己的情感，以此培养学生的阅读能力和思维能力。

（2）转变教学观念，建设开放的共享阅读课堂。

群文阅读强调集体力量的发挥，师生共同参与互动，共同完成阅读任务，不是传统的教师"一言堂"，不是单个人发挥自身力量来完成阅读任务。教师不再是知识的传授者，而是问题的启发者、课堂阅读的指导者和活动的组织者。

群文阅读课堂改变了传统的语文教学模式下教师逐字逐句地分析，学生被动接受、懒于思考，课堂气氛沉闷的状况。师生共同探讨相关文本，对重点或者感兴趣的话题进行讨论，对群文的理解达成共识，获取情感上的共鸣。群文阅读要求教师建立起开放性的课堂，营造一种读书分享会的轻松氛围，给予学生充分的空间与畅所欲言的平台，学生作为课堂的主人翁，亲自阅读、亲自发掘、亲自提炼，其阅读能力与阅读兴趣自然会逐渐提升。在这一过程中，教师更多地扮演的是一个倾听者的角色，不做过多干涉，鼓励学生在阅读文本后自由发表见解，并给予学生发言一些适当的评价。

（3）巧妙设计问题，引导学生由浅入深品味群文。

群文阅读不光要比较思维，还需要统整思维。因为群文的文本是按照一个主题，通过一定顺序和逻辑，由浅入深组合而成的。这个主题既是学生阅读及品味文本的线索，也是教师巧妙设计问题的关键，小学中段学生以具体形象思维为主，归纳提炼群文主题的能力不足，需要教师巧妙结合议题提出关键问题来引导，让学生发现文本之间的共同点以及写法上的相似之处。群文阅读最大的特征就是互文基础，但群文阅读又是互文基础的提升与拓展，所以群文阅读的难度比互文阅读要更大。一般的阅读教学随着文章教学的完成而结束，但是以一主题为核心的群文阅读就要发现文本之间的共通及不同之处，甚至在此基础上还要把学生再往前推一步。

在群文阅读中，教师指导学生找到群文的异同，化零为整，化繁为简，品味群文的深层含义，从而提高学生的阅读能力及理解能力，更好地帮助学生在学习单篇文本的基础上，立足整体全文阅读，引领学生从课内走向课外。中段群文阅读一般是在单篇文本阅读基础上进行的，紧扣主题联系文本，教师找准主题的核心问题来引导学生发现文本特征、对比人物形象、建构言语图示、形成结构化认知。教师巧妙设计问题的关键之处就是要找准比较的点，因为比较是重要的思维方式和学习方式，有了比较学生才能有所甄别，有了比较才能引发学生思考，有了比较学生的思维才会得以提升。要设计问题帮助学生从两个维度来进行比较，第一是以同一个问题引导学生透过文本的现象看本质，第二是引导学生发现共同的写作规律。设计问题的点是让学生通过现象看不同，找出个体之间的共性，从而更深刻地引导学生理解文本。

（4）延展阅读时空，进行"好书悦读漂流"等活动。

群文阅读在课堂上进行的时间和空间有限，但可以起到抛砖引玉的作用。教师不仅是教学活动的组织者与指导者，还是学生阅读兴趣和习惯培养的引导者。通过前置阅读和课后拓展阅读活动指导，师生能更好地开展群文阅读。

首先，制订学校、年级阅读方案。梳理《课标》对小学中段的阅读总量、内容、积累以及习惯和能力培养的要求，制订共享阅读方案。实施"校级、班级、家庭"三级阅读路径，按班级学生具体情况有侧重地施行。

其次，共建家庭、班级、年级和学校四级书库，语文教师研读《课标》，围绕人文主题和语文要素提前进行自主阅读，筛选适合本年段学生阅读的书籍，列出必读和选读书目，供学生、家长和学校选用，学生和家长共同整理家庭藏书，再根据教师的推荐和自身的需要对家庭书库进行重构和完善，保证每学期每个家庭的课外书籍不少于15本。班级每生每学期捐赠5本以上适合本年段阅读的书籍，充实班级"图书角"，保证班级的图书总数在300本左右。每个班级从班级书库中挑选人均2~3本好书送到廊道年级阅读空间。家长委员会据教师或者家长推荐书目统一购置优秀图书，作为奖励供全班学生在家轮流阅读。每学年结束，各班自愿将班级完好的书籍打包送到学校百合书院，充实书架。家庭、班级、年级、学校四级书库的建立，营造了良好的"好书悦读漂流"活动氛围和亲子阅读氛围，保证了小学生阅读的广度。

再次，采用积星换礼、班级文化布置、发放喜报、评选每月"阅读小明星"、进行"书缘"主题活动、成立学生"好书悦读巡讲团"等形式，优化阅读方法，提升学生阅读能力。其中，"好书悦读巡讲团"活动的实施方式为：在教师的指导下，学生以个人或小组为单位参加班级"我与书的故事"演讲比赛，各班推选 4 名优胜者参加年级的"好书悦读推荐活动"。教师对"小讲师"进行培训，接着小讲师准备好个人名片和"好书悦读巡讲活动"邀请函发放给本年级各班喜欢阅读的同学，由小讲师完成每周两次的午间"好书悦读巡讲"，并现场发放反馈表。

（三）高段沙龙式阅读

1. 概念解读。

通过小学高段语文"沙龙式阅读教学"的课题研究，让教师由教学实施者变成了阅读学习的参与者，构建了一种适合高段学生的阅读教学模式，让不同层次的学生都能围绕一个"话题"，展开自由的、个性化的发言，从而激活了每一个学生的阅读热情。在拓宽学生阅读面的同时，形成了良好的班级阅读氛围，最大限度地发挥了课堂教学功能。

2. 操作方式。

首先定"话题"，教师结合学情和语文教材，每一学期设置四个"话题"，列出与"话题"相关的阅读书单，围绕"话题"指导学生完成阅读。接着，学生按照阅读书单的要求，完成自主阅读。在学生自主阅读结束后，教师提供时间，让学生在学习小组内进行阅读书单完成情况的自查和互查。在"自主学"基础上开展"定制学"。在学习小组成员完成前置学习的基础上，由各组小组长依据本小组的特点及"话题"，采取符合本组情况的阅读方式，带领小组成员开展文本深度阅读。接下来就是"共享学"，这是"沙龙式阅读教学"的课堂呈现阶段。在这一阶段中，学生围绕"话题"，以小组为单位在课堂上分享合作学习的成果。最后采取"多元评"的方式，学生、家长、教师现场评分，采取"5+X"的分值（5 分为基本分，X 为课堂发言或创建性提问或交流），完成对阅读效果的评价。

3. 创设"沙龙式教学法"。

"沙龙式教学法"是紧扣"沙龙式阅读"创设的教学方式，既强调"沙龙式"的自由交流，又凸显"阅读教学"的目标——注重培养学生感受、理解、欣赏、评价的能力。"沙龙式阅读教学"的核心环节是"共享学"。学生在这一环节中，将围绕"话题"呈现前置学习的效果。

首先，给予每一个学习小组展示空间，让每一个小组用自己小组的特有方式在 30 秒内呈现前置学习的成果。各小组呈现结束，再由全班同学选出三个"最具人气漫谈组"。

接着，定点细聊，即入围小组围绕"话题"再一次深度研究读本的过程。在这一过程中，入围小组必须在短时间内确定讲述的重点、具体内容、人员分配及相互的配合；未入围小组，则依据入围小组 30 秒内讲述的内容，深度思考，预设问题，便于与讲解小组互动交流。

然后，入围小组围绕"话题"开始进行讲解。每个入围小组的小组长提前将四名组员的工作分配到位。在讲解时，小组组员必须相互配合，讲解员依据本组选定"话题"讲解，放映员及时地放映相应的图片或是幻灯片，板书员提炼要点，进行合理的板书。具体的流程是：每个讲述小组首先明确自己要讲述的"话题"，然后采取多种方式进行讲述，接着围绕"话题"提出问题，最后与全班其他同学进行互动交流。这一过程，让学生之间有了深度对话，不同观点的交锋也促成了学生对阅读文本的深度思考。

围绕三个小组的讲述过程，其他学生自由交流，给予评价。评价者是多元的，包括学生、家长、教师。这采取的是"5+X"评分标准："话题"是否明确？讲解是否生动？问题是否有针对性？和同学们是否有互动？基础部分小组成员是否人人参与？基础部分依据此五项打分，满分为 5 分。因为是"5+X"的评价标准，针对"X"，评价者可以结合讲解组课堂提问的有效性、讲解方式的吸引度等多方面来给予评价。教师的总结立足于学生讲述的"话题"的明确性和小组学习的有效运行展开。

最后，由"说"带"写"，围绕话题深度阅读，教师引导学生完成由"沙龙式阅读"到写作的转换，即明确本次"沙龙式阅读教学"的"话题"，结合学生的板书和讲解的内容，完成知识点的梳理和总结，将写作和"沙龙式阅读教学"的"话题"训练点有效地联系起来，由"读"到"写"，由"说"带"写"，实实在在落实高段语文"学以致用"的目标。

# 第四章　共享阅读校园篇

## 一、校内共享阅读的定位

（一）改善有限的阅读条件

这里的有限指阅读时间有限。一节语文课 40 分钟，一天 1~2 节语文课，而每一节课还要完成相应的教学任务，教学任务的主要内容是让学生完成教科书的学习和与教科书相配套的练习。这些都让阅读时间变得极其有限，如果教师还要开设专门的阅读课，就得另辟蹊径，在常规教学活动中挤出时间。

这里的有限还指阅读空间受限制。校内阅读仅限于校内，阅读的场所只能是在教室内或是学校的图书室。图书室的定期开放，让学生走进图书室进行阅读的时间有限。而常规的教学活动依据课程表实施，学生在教室里也最多利用课间或午休时进行阅读。开设专门的阅读课，时间也只有课堂 40 分钟，这是对教师极大的考验。

校内阅读条件的有限还表现在阅读文本的有限。学校教室里只有一个小小的图书角，能容纳的书籍极少，学生阅读能力差异大，有的学生可能早已把图书角里的书看完，而有的学生可能只看一两本，书籍少，无法满足所有学生的阅读要求。因此，在校内实施这种最传统的"共享阅读"，是极其低效的。

（二）还原真实的阅读方式

现行的阅读教学，往往将朗读作为训练目标和首选手段。

《课标》中提到，各个学段的阅读教学，都要重视朗读和默读。朗读的要求是有感情，要让学生通过朗读来品味语言，体会作者通过其作品表达的情感态度，并用恰当的语气语调来表现自己对文本及作者情感态度的理解。

而真实的阅读，更多地采用的是默读、浏览。因为这样的阅读才能提升学生的阅读速度，提高学生的阅读量。《课标》明确了小学各学段学生应有的课外阅读量，小学低段不少于 5 万字，小学中段不少于 40 万字，小学第 3 学段不少于 100 万字。这些都要求教师在阅读教学中，训练学生真实阅读的能力，交给他们真实阅读的方法。

（三）进入深度的阅读体验

校内阅读，教师在对学生进行文本的指导阅读时，大多采用精讲细教、精读细评的方式。这样你讲我听、你说我记的"阅读"，学生得到的阅读体验呈碎片化，没有自成体系，因此他们收获到的信息也是散乱无序的。

哲学家波兰尼在《人的研究》一书中说道：人类共有两种知识，一种知识形式就是我们通常所知道的知识，它可以用书面文字或地图、数字公式来表达。此外还有一种知识形式，它是不能够被系统表述出来的，我们如果把第一种知识形式称为显性知识的话，那么我们就可以把后一种知识称为缄默知识。[1] 阅读的过程就是学习的过程。根据缄默知识理论，主体学习的过程，即是把客观的、显性的、共性的知识，转化为学习者个人知识（显性知识、缄默知识）的过程。这种转化是由主体积极建构的，是通过新旧经验的互动实现的。帮助学生在阅读中实现自我分析决断，实现新旧知识、新旧经验的互动转化、融合，这非常重要。让他们从教师的讲述中走进自我阅读，在自我阅读中感受、体验和理解，并且通过合作性学习解决阅读中的问题。这种综合能力的培养，才能帮助学生从只能理解清晰的文本内涵，发展到能理解明确的叙述环境，再到能够领悟较高层次的、细腻的道德内涵，甚至产生对文本的思考与质疑。

## 二、校内共享阅读的策略

（一）导读预读，开启阅读之旅

"导读"，即"引导阅读、指导阅读"，这是教师行为；"预读"，即在进入精读前对阅读内容有大致的了解，这是学生行为。教师通过导读活动，引导学生了解和学习文本的背景信息、内容梗概、精彩片段，激发学生的阅读兴趣和阅读期待。

"导读预读"环节主要解决"是什么""怎么样""为什么"的问题。以整

---

[1] Polanyi M. The study of man [M]. London: Rouledge&Kedan Paul, 1957.

本书阅读为例，在导读环节，教师有目的、有计划地引导学生通过"浏览目录""赏析重要片段""查阅创作背景"等活动进行预读，思考并探讨以下问题："这是一本什么样的书？""应该怎么读这本书？""我为什么要读这本书？"当然，要求学生在此时做出完整、细致、深入的回答，显然是不现实的。我们的目的是让学生对阅读文本有初步的感知、整体性的认识，对阅读难度较大的书能有一定方法可用。

（二）预测阅读，激发阅读之趣

导读预读之前，教师可以提出一些问题或要求催发学生阅读的动力，比如向学生提问"书的封面引发了你怎样的遐想""作者为什么要取这样一个书名"或让学生根据书名大胆预测一下书本的内容。

导读预读之后，学生会自然而然生发出更多疑惑。根据文本题材和体裁的不同，学生产生的疑问类型各异，可能包括创作目的、情节过程、逻辑线条、人物命运、思想情感、内容主旨、知识盲区等。此时教师引导学生提出疑问，并对疑问进行预测，可以进一步激发学生的阅读兴趣。

前文提及知识的转化是由主体积极建构的，是通过新旧经验的互动实现的。而要实现新旧经验的互动，首先要唤起学生对已知知识的记忆。学生已有的知识量与他的学习效率呈正相关。预测阅读，实际是在一定的情景之中，阅读主体进行想象和推测等思维活动。这个环节可以充分调动学生已有的知识，包括显性知识和缄默知识。此时教师指导学生进行语言实践和交流，还可将其部分缄默知识显性化，不仅有助于提升其阅读兴趣，还有助于实现后面的深度阅读。

（三）自读批注，享受阅读之乐

提升学生阅读能力、培养学生阅读兴趣，是教师设计共享阅读活动的初心和目的。在共享阅读活动中，阅读主体之间的"互动与交流"是体现"共享"的最重要环节，但"互动与交流"的基础是"阅读"。

学生如何进行自主阅读？我们主张采用"批注式阅读"的方法。这是一种融传统读书方法与新时代理念于一体的阅读方式。这种方式充分尊重学生个性化的阅读感受，给予学生表达自我的高度自由，有助于提升学生选材组材能力、语言表达能力、阅读审美思辨能力、发散思维能力等。

这个环节中，教师应示范并指导批读方法，引导学生享受自主探求、感知自我、张扬个性、自由表达的阅读之乐。

（四）阅读分享，提升阅读之智

从知识管理的角度而言，学生能通过自主阅读获得新知，此时师生、生生之间进行互动交流，能使各自在思维碰撞中发现自己原有知识的不完整，经过反思，优化自己的经验。

从情感需求的角度而言，学生能在书中感受喜怒哀乐、从书中汲取力量，找到自己内心世界投射的影子，得到心灵的慰藉。分享和交流这些阅读体验和丰富情感，是学生内心世界的迫切需要，他们在情感分享中获得体验并完善内心世界的构建。

从阅读方法的角度而言，阅读策略可以通过课堂学习获得，但必须在阅读过程中进行自主建构。参与不同的阅读分享活动，有助于学生摸索不同文本的阅读路径，最终形成个体性的阅读经验。

（五）阅读检测，保证阅读之效

教师要让学生在阅读后达成阅读效果的自我提升，可以采用一个话题引导，也可以设置一张读书卡，将阅读策略融入教学中，带着学生来进行阅读后的检测。

浙江省的余琴老师，结合国内外学者的研究成果，根据小学生阅读认识规律，将阅读能力要素由低到高分为五个层次：提取信息、形成解释、整体感知、作出评价、解决问题。这五个层次体现了由易到难、由浅入深、由表及里、由入乎其内到出乎其外的阅读思维发展。从不同角度、不同层面引导学生进行全方位的阅读思考，也能全面地检测学生的阅读能力。这样的阅读检测，既能够帮助学生积极主动地发现，又能从不同角度将学生带入文本，向文本的核心内涵靠近，使学生由读文本到读懂文本，最后读透文本。这一检测过程，能体现学生不同的阅读水平，引导学生自我认知，也便于教师更好地了解学生阅读的情况，从而帮助学生实现分析、阐述、评价、鉴赏、创意、表达等能力的发展。

## 三、校内共享阅读的意义

朱永新发起的新教育实验将阅读作为改变教育生态的切入点，将营造书香校园作为最重要的教育行动，他认为没有阅读的学校不可能有真正的教育。共享阅读就是以阅读为教育生态改善的切入点，使阅读效果最大化，有别于传统的学校语文教学。

**（一）共享阅读拓展了教学的时空**

语文是最重要的交际工具，传统阅读教学是学校教学中学生、教师和文本对话的过程，时间限定在 40 分钟左右，地点固定在教室或者图书室。共享阅读强调书香氛围的营造、学生的个性化阅读、分享交流的过程，因此阅读教学不再仅限于课堂 40 分钟，它拓展到了学生的晨读、课间 10 分钟、午间休息时间、家庭共读时间，实施的地点也由教室、图书室扩展到了走廊、校园画廊、家庭甚至社区书院等。共享阅读打破了传统阅读教学的时空限制，家庭、学校和社区书香氛围浓厚。

**（二）共享阅读改变了教学的方式**

《课标》指出："阅读是学生的个性化行为……不应以教师的分析代替学生的阅读实践。"

共享阅读重视阅读氛围的营造，重视阅读的熏陶和感染作用，注重教学内容的价值取向，尊重鼓励学生个性化的阅读体验，教学中以学生的体验为主，重视阅读方法的传授，有目的、有计划、系统地培养学生自主阅读的能力。共享阅读改变了教学的方式，变教师为主体的"授人以鱼"为以学生为主体的"授人以渔"，激发了学生的学习兴趣，活跃了课堂的学习氛围。

**（三）共享阅读提升了教学的效率**

传统的教学以教师的传授知识为主，师生、生生之间的互动较少，不利于教学效率的提升。

共享阅读根据学生的学情，以学生为中心，借助先进的信息技术，设计如读书分享会、朗诵比赛等丰富的活动提升学生的学习兴趣，教师将阅读的主动权交给学生，采用由学生选择喜欢的阅读方式，教师指导学生阅读和分享交流的方法，师生、生生之间亲密互动，进行情感上的交流，学生的参与积极性高，学习的氛围轻松自然，教学的效率自然得到提升。

**（四）共享阅读涵养了学生的素养**

素养是由训练和实践而形成的道德修养，体现在道德品质、外表形象、知识水平与能力等方面。党的十八大提出要将"立德树人"的要求落到实处，指出学生发展的核心素养指学生应该具备的、能够适应终身发展和社会发展需要

的必备品格和关键能力，综合表现为人文底蕴、科学精神、学会学习、健康生活、责任担当和实践创新六大素养。而阅读是一条通向幸福、促进个体精神发育成长的重要通道。

共享阅读则重视师生、生生、亲子与书本的有效对话，是一种有益身心的、有深度的、有品质的、有价值的实践活动，它能让参与者在共享阅读中形成共同的语言、价值观和愿景，共同编织美好幸福的生活。

## 第五章　共享阅读校外篇

### 一、校外共享阅读的定位

（一）培养学生阅读生活化习惯

"生活教育是给生活以教育，用生活来教育，为生活向前向上的需要而教育。"[1]生活本身就是教育，生活与教育相辅相成。语文是一门生活化的学科，与生活息息相关。

教师在指导学生进行校外阅读时，就要明确语文来源于生活，必将回归生活的这一现实情况。在能力目标设定方面，要引导学生通过阅读到生活中去寻找答案，从自身经历中去感悟文本。而在阅读实施上，不仅要帮助学生形成独立自主的阅读习惯，还要引导其树立阅读资源共享的理念，采取多种方式实现阅读共享。同时，为学生提供自主阅读、交流的空间与时间，让学生在共享交流中学习、运用多种阅读方法和技巧，多渠道地获取更多信息，实现"生活中学习、生活中阅读"的常态。

（二）提升学生语言运用的能力

《课标》指出语文课程是一门学习语言文字运用的综合性、实践性课程。崔峦老师指出：2011年版的《课标》，出现频率最多的关键词是"语用"。这就要求教师在指导学生进行阅读时，必须聚焦"语用"一词，即指导学生在阅读的文本中寻找语言运用的要点，有意识地培养学生语言文字运用的能力。

校外共享阅读，从学生生活出发，借助阅读文本，在生活中让学生进行语言的运用，引导学生把散乱的、碎片化的信息，综合整理、升华为知识点，并作出自我的分析、判断，这是很重要的。因为生活是语言能力"生长"最好的

---

[1] 张东. 陶行知职业教育思想研究[M]. 成都：西南交通大学出版社，2017：207.

土壤，让学生立足于生活进行阅读，能帮助学生实现高阶思维的训练。

（三）形成多元化学生阅读评价

评价就是激励，评价就是引导。以评促读，立足学生，以多元评价助推共享阅读活动的开展，提升学生的阅读兴趣，最大限度地激励师生共同阅读。可以采用"阅读成长记录袋"，帮助学生留下阅读痕迹，注重阅读过程的体验和情感的鼓励，最终促成学生阅读习惯的养成。或采用"共享阅读的课外评价"，首先找准制约学生开展课外阅读的瓶颈，明确评价目标；其次梳理体现社会核心文明价值的关键词如乐观、合作、诚信、勇气、责任等，建构课外阅读评价体系，开展有效评价。而在共享阅读推进的过程中，开展"口试评价与笔试评价""过程性评价与终结性评价""等级评价与分值评价""平时评价、期中评价与期末评价"相结合的多元评价形式，实现从"趣读"到"智读"的过程。

评价本着客观、公正的原则，充分考虑学生现有的阅读水平，用发展的眼光来评价学生的阅读认知能力，解放师生的思维与情感，以主流社会价值涵养学生的核心素养，最终帮助学生达到"愉快阅读、自信交流、自由表达"的目标。

## 二、校外共享阅读的策略

（一）用心打造家庭阅读空间

倡导每一个家庭由家长和孩子共同设计一个或多个共享阅读小空间。亲子共享阅读活动，不是简单的陪读，也不仅限于家长给孩子讲故事，共享阅读注重阅读过程中阅读主体之间的沟通交流。亲子共享阅读是家长、孩子、阅读文本三者之间的对话，对于亲子共读做得好的家庭和孩子，班级可以进行表彰和方法推广，对于相对较弱的家庭，给予方法指导。《朗读手册》作者吉姆·崔利斯提出了著名的"3B理论"，即Books、Basket、Bed lamp。Books是指家长应多为孩子借阅或者购买图书，使孩子拥有自己的图书；Basket是指在家中比较适合阅读的位置，设置图书篮、书架，让书籍触手可及、随手可拿；Bed lamp是指在床头安放一盏台灯，床头灯的意义，当然在于睡前阅读。

（二）构建同伴阅读合作小组

根据学生的兴趣点和阅读能力建立阅读合作小组，可用三种方式构建：一是住家较近的,便于适时交流;二是同桌,便于在校内随时沟通;三是具有同样阅读兴趣的,便于深度交流。阅读合作小组的成员要轮流担任领读者,人人都要参与订立书目,确定切实可行的阅读任务,并定期在班级读书活动中展示。

（三）建立网络共享阅读平台

教师可以利用互联网资源,建立网络共享阅读平台,和学生、家长一同在网络平台上写书评,分享阅读经验、体会、朗诵音频等,还可以进行书籍推荐、阅读竞赛等。教师要充分利用信息技术的力量,在创设与实施阅读活动的过程中不断创新。

（四）充分利用公共阅览资源

充分利用公共阅览资源,比如公共图书馆、购书中心、独立书店、社区服务中心等。随着全民阅读需求的增加,公共阅读空间越来越多,免费阅读资源也越来越丰富。教师倡导家长经常或定期带孩子到这些场合借书和阅读,让孩子在学校阅读、家庭阅读之外,感受更大的"阅读场",在浓厚的阅读氛围中得到滋养;同时还可以参加各类机构组织的公益读书分享活动。

### 三、校外共享阅读的意义

（一）营造了多维的阅读氛围

共享阅读的生活化,要求教师和家长共同协作,整合家庭、班级、学校和社区丰富的阅读资源,构建个人、家庭、班级、年级和学校分级书库,营造家庭、班级、学校、社会四位一体的阅读空间。最重要的是,这一过程为学生创造了舒适的阅读环境,不仅在家庭中构建了亲子共读的氛围,引起了家长对阅读的重视,而且在固定时间在图书馆、城市书店等场所开展亲子共读活动,父母的陪伴与共同阅读,形成了学生阅读的动力,为学生良好阅读习惯的养成提供了有效保障。

（二）构建了生长型阅读共同体

组建同伴阅读合作小组,就是构建了一个阅读共同体。这个阅读共同体让每个成员有了阅读的目标,因为是小组共同阅读,所以,每一个参与者在阅读时，都有了相应的阅读任务，而这一任务促使小组内的每一个成员积极思考，同时，针对自己阅读时所遭遇的问题，也会与小组内成员进行充分的自由交流。

组建同伴阅读合作小组，充分发挥"同伴影响力"的作用，让每个小组进行不同主题的阅读分享，拓展了眼界，激发了彼此的阅读兴趣，更好地保证了阅读过程的全员参与，让学生在阅读共同体中建立起情感联结，实现了真正的自主、合作与探究。

（三）形成了丰富多彩的阅读活动

班级、学校、家庭和社区可以整合丰富的阅读资源，开展丰富多彩的阅读活动，让主动分享成为共享阅读的主要方式，提升学生独立思考、分析问题、质疑解惑以及探索创新等认知能力，让学生学会学习、学会分享、学会合作、学会与人相处、学会健康生活，培养学生的审美情趣和责任担当精神。比如亲子阅读有助于形成家庭阅读的风气，父母与子女终身学习、共同成长；读书会有助于提高学习效率和学习乐趣，开阔视野；"好书悦读漂流"降低了阅读成本，共享了阅读乐趣，传递着书香，促进了情感交流；"智慧＋共享阅读"让阅读更便捷，分享沟通更直观、多元、有效。

（四）实现了学生多层次发展

通过校外共享阅读，阅读能力较弱的学生，能更好地在同伴、家人、教师的帮助下学习掌握阅读策略，而能力强的学生既能自主地去理解阅读文本，还在共享阅读的交流中，从浅层次的阅读体验走进深层次的文学鉴赏，甚至走进自我分析阶段，从而自主构建起科学的、合理的阅读策略，达成对文本创造性的解读。这样的阅读符合学生个体需要，具有实践性、渐进性，让学生个体在真实的大空间、大任务下整体、深度、持续、自由地发展。

（撰写人：四川大学附属实验小学　胡　宇　吕永会　吴丹丹
　　　　　四川大学附属中学　　　王　曦）

# 明辨篇

"明辨篇"来自教育教学实践,发自课题组教师们的内心,反映的是一种教育教学主张,展现的是一种教育教学文化,体现的是一种教育教学智慧。本篇立足于"共享阅读",展现了教师的研究之路、实践之路、创新之路。

"明辨篇"有共享阅读教学的课题研究,让我们明晰共享阅读开展的重要性及现况;有共享阅读校内、校外的开展策略;还呈现了共享阅读的新形态,让我们看见了"大阅读"的精彩。

# 第一章　共享阅读的研究之路

## 小学"共享式阅读"校本课程实践探究

**摘　要**：基于小学生的认知发展规律，根据《课标》确定阅读"主题"，通过阅读达到分"项目－学段"共享式阅读的目标。为学生制订泛读、诵读、群文阅读校本课程的分段目标表，在阅读课程中为学生推送必读、选读、群文阅读三个部分的阅读内容以满足学生的分层阅读需求。通过开展阅读活动的方式来对学生的阅读情况进行多样性评价。本文旨在探索为充分发挥语文小学教学功能而进行的阅读教学方式实践，最终达成语文教学真正意义上的"以文化人"的使命。

**关键词**：共享式阅读；项目－学段；校本课程

在共享式阅读中指导学生养成乐读、能诵、善思的好习惯。乐读是通过大量的泛读养成每天阅读的习惯，并喜欢上阅读；能诵是通过经典诵读学习一些文学或国学经典，提升文化自信和审美情趣；善思是通过群文阅读掌握阅读技巧，提升阅读的高阶思维能力。学生以海量阅读、经典诵读、群文阅读为主线开展相关的共享式阅读活动，培养阅读基本功，提升阅读能力，增加阅读量，丰富人文底蕴；感受文学经典之美，珍视传承中华优秀传统和民族精粹，增强文化自信和爱国情感。

### 一、分"项目－学段"的共享式阅读目标

基于学生阅读情况，充分领会《课标》对于小学阶段的阅读指导意见，按照低、中、高段的次序将课程的分段目标梳理如下（表一）。

表一　共享式阅读校本课程分段目标表

| | 泛读目标 | 诵读目标 | 群文阅读目标 |
|---|---|---|---|
| 低段 | 通过阅读绘本增加识字量、熟练运用拼音、感受友情和亲情的美好 | 激发阅读兴趣，扩大识字量 | 无 |
| 中段 | 养成积累阅读文本中的优美词语、精彩句段的习惯；乐于在课外阅读和生活中获取语言材料；养成读书看报的习惯，收藏并与同学分享阅读文本，提高收集和处理信息的能力；培养自主阅读、广泛阅读的兴趣，拓宽课外阅读的渠道，扩大阅读面；课外阅读总量不少于40万字 | 养成诵读经典诗文的习惯；能在诵读过程中体会情感、展开想象、领悟内容。背诵优秀诗文50篇（段）；通过诵读经典和美文，获得传统文化和美的熏陶，培养读书兴趣，提高语言素养 | 激发课外阅读兴趣，培养良好的阅读习惯；能在主题群文阅读中学会一些阅读方法，如：联系上下文理解词句的意思，体会文本中关键词句表达情意的作用，能复述叙事性作品的大意，能体会文章表达的思想感情等 |
| 高段 | 阅读一般读物每分钟不少于300字；学习浏览的方法，扩展阅读面；课外阅读总量不少于100万字 | 欣赏文学作品，有自己的情感体会；诵读优秀诗文，能通过语调、韵律、节奏等体味作品的内容和情感；背诵优秀诗文60篇 | 学习浏览，扩大知识面，根据需要搜集信息；能联系上下文和自己的积累，推想文本中有关字句的意思，辨别词语的感情色彩，体会其表达效果；了解文本表达顺序，体会作者情感，领悟文本基本表达方法。在交流时敢于提出看法，做出判断；通过群文阅读求同比异，提升认知目标，由知道、理解、应用向分析、综合、评价的高阶思维发展 |

## 二、根据"项目－学段"共享式阅读目标设置课程内容

在考虑学生的认知特点及满足《课标》要求的前提下充分考虑学生的阅读兴趣，在课程中推送的阅读内容包括必读内容、选读内容以及推荐阅读三个部分。其中，推荐阅读分为教师推荐和学生推荐两种方式（表二）。

**表二　共享式阅读校本课程阅读内容**

| 学段 | 项目 | 具体内容 |
|---|---|---|
| 低段 | 泛读 | 必读：暖心绘本系列；感恩绘本系列；礼貌绘本系列；《成语故事》《和大人一起读》《最美最美的中国童话》《中华传统文化故事》<br>选读：《安徒生童话》《格林童话》《中国历史故事》《寓言故事》《彩色世界童话》 |
| | 诵读 | 《声律启蒙》《笠翁对韵》《三字经》《百家姓》《新教育·晨诵》《唐诗三百首》《古诗75首》 |
| 中段 | 泛读 | 必读：教育部推荐的小学生必读书目，侧重于童话故事、寓言故事、神话故事、科普读物，如《安徒生童话》《稻草人》《格林童话》《中国古代寓言》《伊索寓言》《克雷洛夫寓言》《中国古代神话》《山海经》《希腊神话故事》《十万个为什么》<br>选读：《一千零一夜》《郑渊洁童话》《查理和巧克力工厂》《宝葫芦的秘密》《拉·丹封寓言》《列那狐的故事》《昆虫记》 |
| | 诵读 | 《国学经典》《新教育·晨诵》《小学生必背古诗75首+80首》 |
| | 群文阅读 | 1. 教师根据学情整理的其他主题群文<br>2. 单元整合课文 |
| 高段 | 泛读 | 必读：中外民间故事、古典名著、小说（成长故事）、世界名著<br>补充阅读：《写给儿童的中国历史》，《中国历史故事》，《听吴姐姐讲历史故事》《中华上下五千年》二选一，《写给儿童的中国地理》，《写给儿童的世界历史》《世界上下五千年》《大英儿童漫画百科》三选一 |
| | 诵读 | 学校国学诵读教材《诗经》、《新教育·晨诵》 |
| | 群文阅读 | 自选非连续性文本"1+X"、《同步进阶阅读》 |

## 三、根据共享式阅读校本课程内容设置实施方案

为了使共享式阅读校本课程有效落实，以年级为单位，将阅读时间和阅读项目具体落实到每一天，总体按照"晨+午+暮"三个时段进行安排。这样将阅读时间固定，便于监督和管理，能促进共享式阅读校本课程走向常态化（表三）。

表三  共享式阅读校本课程实施方案

| 学段 | 项目 | 具体实施 |
| --- | --- | --- |
| 低段 | 泛读 | 1. 一年级每周1次午间阅读——听音频<br>2. 二年级每周2次午间阅读——听音频 |
| | 诵读 | 每日晨诵10分钟形成常规 |
| 中段 | 泛读 | 1. 每周3次午读——"纯'悦'读"活动<br>2. 课外阅读30分钟 |
| | 诵读 | 每日晨诵10分钟形成常规 |
| 高段 | 泛读 | 1. 每周3次午间阅读——自由阅读15~20分钟<br>2. 课外阅读30分钟 |
| | 诵读 | 1. 每日晨诵10分钟<br>2. 每周五上一节经典诵读课（上课表） |
| | 群文阅读 | 每期教研组至少精心打磨一节群文阅读课，全年级同上 |

## 四、共享式阅读校本课程的评价

为了共享式阅读校本课程的实际开展，根据不同的阅读项目、不同的年级，灵活设置不同的阅读活动，将活动作为课程实施的路径，将学校相关部门如德育处、教务处的支持配合当作保障机制，通过开展活动来对学生的阅读情况进行灵活地评价（表四）。

表四  共享式阅读校本课程评价方式

| 学段 | 项目 | 评价 |
| --- | --- | --- |
| 低段 | 泛读 | 1. 每月1次讲故事比赛<br>2. 每学期1次绘本创作比赛<br>3. 循环日记（二年级） |
| | 诵读 | 每月举行1次诵读赛，评选班级"诵读能手" |
| 中段 | 泛读 | 1. 每周读书笔记展示<br>2. 每月书友会——"荐书"活动<br>3. 读完一本书，发放一张"小书迷成长卡" |
| | 诵读 | 每月举行1次诵读赛，评选班级"诵读能手"（融入书友会） |
| | 群文阅读 | 通过阅读课，学习整本书阅读和群文阅读的方法 |

续表

| 学段 | 项目 | 评价 |
|---|---|---|
| 高段 | 泛读 | 1. 读有所思——课外阅读整本书并写读后感；班级自评10篇优秀读后感在班级展示，每班推荐1至2篇参加年级评比<br>2. 每周2次课前3分钟阅读分享 |
| | 诵读 | 1. 上期：诗词大会——演诵经典<br>2. 下期：国学经典知识竞赛（飞行监测——课内默写填空＋课外诗文理解选择） |
| | 群文阅读 | 群文阅读校级展示课 |

小学语文共享式阅读校本课程的设置，是依据新课程改革的丰富内涵，结合统编版教材"更中国、更儿童、更语文"的鲜明特点，进一步组织学生开展的阅读活动，让学生在丰富多彩的书海中，去阅读一本又一本的好书，像呼吸一样自然地去扩大知识源，积累一定的语言素材和活动经验，提高语文素养，为其语言能力的发展奠定基础。同时，把共享式阅读校本课程进一步落地落实落细，要研究学生、基于学生、培养学生创新实践精神，引导学生用语文学科的典型学习方式来实践和历练，促进语文课堂教学的变化，以读促写，以写促读，读写并进，让学生心中有爱、身上有光，发现语文之美、爱上语文、爱上母语。

**参考文献**

[1] 中华人民共和国教育部. 义务教育语文课程标准（2011年版）[M]. 北京：北京师范大学出版社，2012.

（供稿：四川大学附属实验小学江安河分校　胡　平）

# 重塑教师角色，落实共享阅读的"质"与"量"

**摘　要**：教师是学生阅读生活中重要的领读者，是亲子阅读的指导者。教师的榜样示范、方法引领，教师组织的丰富的阅读活动有利于激发学生阅读的意愿，帮助学生获得丰富而美好的阅读体验，使阅读真正成为学生自觉的持久的学习习惯，实现学生的"愉悦阅读、自信交流、自由表达"，从而提升共享阅读的"质"与"量"。

**关键词**：教师角色；共享阅读

众所周知，学语文得法于课内，得益于课外。小学阶段，最重要的是让学生爱上阅读。可培养学生良好阅读习惯，让学生"爱上阅读"，实在不易！尽管教师提倡学生多读书、读好书，但"提倡"之余，教师不参与，学生阅读不落实，"阅读"的种子没有生根，便开不出美丽的花儿。

《课标》指出："加强对课外阅读的指导，开展各种课外阅读活动，创造展示与交流的机会，营造人人爱读书的良好氛围。""努力改进课堂教学，整体考虑知识与能力、过程与方法、情感态度与价值观的综合，注重听说读写之间的有机联系，加强教学内容的整合，统筹安排教学活动，促进学生语文素养的整体提高。"《课标》中的"指导""开展""创造""营造""统筹"等都明确了教师在学生课外阅读活动中的任务和要求，明确了教师在活动中的角色。

全民阅读形象代言人、新教育发起人朱永新提出："我们都有共识，我们都是领读者……让更多的人热爱阅读，掌握科学的阅读方法是我们领读者的重要使命。"落实学生共享阅读的"质"与"量"，关键在教师。在学生的阅读生活中，教师是一名阅读实践者，也是一名领读者，要以自己的榜样示范、行动引领把学生带领成一个读者，带领成一个热爱阅读的人，帮助学生养成良好的阅读习惯。

## 一、教师是阅读者、朗读者

罗曼·罗兰曾说："要散布阳光到别人心里，先得自己心里有阳光。"教师极力倡导学生读好书、好读书，自己也应是一位阅读爱好者、阅读坚持者。当教师带着丰富的阅读体验走进课堂，必能为学生开启一个美好而神奇的阅读世界。

教学中，我发现教师的朗读对低段的学生有很大的吸引力。同样的故事，他们自己读与听老师读，感受是迥然不同的。老师的声音变化、情感起伏赋予故事更强的吸引力。当我读他们熟悉的故事时，那是遇"知音"的欢喜。"老师在读我读过的书呢！"当老师读他们不知道的故事时，他们更想自己一睹为快了。当学生耳闻目睹老师一次次投入朗读，必然神往之，仿效之。朗读是吸引，朗读是卷入。教师朗读"能够帮助学生建立阅读与快乐之间的联想"。这就是最自然的教育。

## 二、教师是领读者

小学生具有很强的向师性。教师引领学生读什么，怎么读，如何持久读，教师的情感态度、阅读方式对学生的影响是潜移默化的。作为一名领读者，我主要从以下几方面引领、指导学生。

### （一）重置教学课时，打破课内外界限

结合本班学情，整体重置班级教学课时，使课内外学习都能有效落实。以四年级上期为例，一学期教学总课时大约130课时，教材学习约80课时，课外阅读约50课时。整体设置课表，给课外阅读留出一定时间，为课外阅读的开展创造客观条件。

表一是四年级上期的课外阅读课表。

**表一　四年级上期课外阅读课表**

| 时间 | 星期一早读 | 星期二早读 | 星期三班会课 | 星期五语文课 |
|---|---|---|---|---|
| 内容 | 《新教育·晨诵》 | 《小古文100课》 | 读书分享 | 经典赏析 |

### （二）构建领读课程，打造课外阅读"营养餐"

四年级领读课程主要有四大板块：国学经典、诗歌名篇、经典文学作品、历史故事（表二）。

**表二　四年级领读课程**

| 课程<br>时间 | 国学经典 | 诗歌名篇 | 经典<br>文学作品 | 历史故事 | 阅读总量 |
|---|---|---|---|---|---|
| 四年级<br>上期 | 《小古文100课（上）》80千字 | 《新教育·晨诵（四上）》90千字 | 《三国演义》640千字 | 《中华上下五千年历史故事》250千字 | 约1000千字 |
| 四年级<br>下期 | 《小古文100课（下）》80千字 | 《新教育·晨诵（四下）》90千字 | 《海底两万里》180千字 | 《中华上下五千年历史故事》250千字 | 约600千字 |

### （三）探索领读模式，优化课外阅读指导

领读课程因特点不同而采取不同的教学策略。

1. 国学经典。

《小古文 100 课》，文本全是短小的文言文。教学方式主要是以读代讲，熟读成诵。教师领读，示范停顿和节奏处理；学生轮读，一人一句解决读通读顺的问题。一次次师生、生生接龙朗读、赛读，让学生渐渐读懂意、读出味。叙事性强的寓言、神话边演边读。确实难懂之处，教师指导学生用多种办法解决，如展开想象领悟大意、看注释、查阅工具书、组词猜想等。简洁、传神的小古文给学生的语文学习开启了另一扇窗。

2. 诗歌名篇。

每周星期一的早读课，以诗歌开启一周的学习生活。"诗歌名篇"选自《新教育·晨诵》，文本都是国内外经典作品。教师朗诵，学生跟读，在抑扬顿挫中感受诗歌的语言美、音韵美、意境美，在品读思考中发现诗歌的秘密。同时，让学生尝试仿写、创编，当他们自己也成为小诗人，向同学朗读自己的作品时，诗歌学习之趣更加浓厚了。

3. 经典文学作品。

在四年级，班级共读《三国演义》和《海底两万里》。对于整本书的阅读，采取的方式有"路标"式粗读，教师指导学生先读书的前言、后记、目录，对整本书有大体了解。此后的通读与反复阅读，要求学生从头到尾阅读，对重点的、难理解的、精彩部分反复读，边读边圈画思考，感受作品的人物形象和语言。

同时也有意识渗透小说的阅读方法。比如阅读《三国演义》时，教师引导学生抓住小说"三要素"——情节、人物和环境进行阅读，如，学生阅读精彩章节《草船借箭》时，教师围绕三要素设计问题导读，让学生边读边思：第一，故事发生在什么地方？这样的环境对故事发生有什么影响？第二，周瑜为什么要诸葛亮立下军令状？第三，草船借箭成功的原因有哪些？经过这样的思考与交流，学生习得一些方法，为后面内容的阅读指引了方向。

4. 历史故事。

《中华上下五千年历史故事》按中国历史朝代顺序，选取历史上典型的人物和事件，用通俗生动的语言叙述中华五千年来的历史故事。学生课外通读，课内通过"学生讲坛"讲故事，教师点评指导关注人物、事件、历史意义。

（四）领读日不间断，习惯成自然

阅读日不间断，像呼吸一样自然，方成习惯。教师日不间断地领读学生，最重要的意义就是培养学生的阅读习惯。

每日阅读：每天家庭作业都安排有半个小时左右的课外阅读，引导学生动笔"读书"，在阅读表上简要记录心得和收获，家长评价激励。每一学期，每个学生都有一本自己的阅读记录册。这就是学生阅读成长的最好见证。

每月"书塔挑战"：学生将自己一月所读图书名称填写在"书塔挑战卡"上，根据阅读图书数量评选"阅读之星"。

每期"好书推荐会"：每学期举办一次班级好书推荐会，发布"我喜欢的好书"书单。

每年班级"阅读节"：在师生共读的生活中，共度属于学生的班级"阅读节"。阅读节设在4月23日，这一天是世界读书日，学生们精心装扮，扮演图书中自己喜欢的角色，和家长一起兴致勃勃地参加在学校礼堂举行的"阅读节"活动，有的家长还和孩子一起朗读故事、吟诵诗歌，大家格外投入。家长、教师、学生的心因为阅读而凝聚在一起。

### 三、教师是亲子阅读的指导者

教师作为教育专业人员，对家庭教育的引导义不容辞。教师通过家长会、班级群、家校开放活动等，与家长交流阅读对孩子当下学习和终身发展的重要意义，邀请家长参加班级读书活动，指导家长和孩子开展有效的亲子阅读。在教师倡导下，家长对阅读教育价值的认识有了很大改变。每一天孩子完成课外阅读作业时，绝大多数家长能以一个倾听者、评价者的身份参与其中，落实孩子课外阅读的监督和检查。有的家长还能主动指导孩子阅读，与孩子共读喜欢的文章。如，陈浩文的爸爸常常建议孩子"读出声音来，读出感情来，不要总是默默地读"，李雨森的家长指导孩子"一边读，一边要思考文章是怎么写的、写好文章的秘诀是什么"，孟孙墨常常与妈妈交流阅读体验……阅读，切实提升了家庭教育品质。

教师以阅读者、领读者、亲子阅读指导者等身份参与到共享阅读中，这样的改变给学生的影响是显而易见的。

### 四、共享阅读量与质的辨证关系

以四年级为例，全班课外阅读量统计情况见表三。

表三　四年级课外阅读量统计表

| 每天阅读时间 | 人数（全班 36 人） | 每天阅读量 | 全年阅读量 | 比例 | 班级共读阅读量 | 《课标》规定三四年级阅读量 |
|---|---|---|---|---|---|---|
| 没有 | 0 | 0 | 0 | 0 | 约 16 万字 | 不少于 40 万字 |
| 30 分钟以内 | 20 | 约 800 字 | 约 24 万字 | 55.6% | | |
| 30 分钟~60 分钟 | 8 | 约 1500 字 | 24~40 万字 | 22.2% | | |
| 60 分钟以上 | 8 | 约 2000 字 | 40~45 万字 | 22.2% | | |

　　从阅读的量来看，所有学生每天坚持阅读，一学年结束，全班 100% 的学生达到 40 万字阅读量，均超过了《课标》规定的三四年级阅读总量。

　　从阅读的质来看，教师的指导和引领使学生阅读有了明确的方向，有了坚持的动力和信心。丰富的活动让学生沉浸在浓厚的阅读氛围中，学生对阅读的态度自然从兴趣向习惯跨越。每天的校园生活，我们班的学生已经习惯了从朗读开始。课堂外许多学生把自由的课外阅读当成一种很好的休闲方式。学生的书包里不再只有教材，还有他们喜欢的课外书。班级里，喜欢读书、书读得多的学生拥有更多的"粉丝"，这些阅读"领袖"带动了更多的学生投入阅读活动。校园外，社会实践活动、家庭旅游、外出聚会，带一本书同行，几乎成了他们自觉的生活方式。我欣喜地看到，他们形成了比较稳定的阅读习惯。

　　阅读能带来什么好处？《朗读手册》归纳了两个层次的公式："你读得越多，理解力越好；理解力越好，就越喜欢读，就读得越多……你读得越多，你就知道得越多；你知道得越多，你就越聪明。"

　　学生读诗、读经典、读名著，海量阅读，广泛积累，阅读理解能力有明显提升，阅读鉴赏水平也在提高。无聊搞笑的漫画、简单的拼音读物退出了他们的视野，他们阅读过的古今中外文学名著越来越多，历史类、艺术类、科学类等高品质阅读文本屡见不鲜。广泛阅读、大量诵读丰富了学生的语言储备，自然而然提升了他们的表达能力。习作词汇量变得丰富、生动了，习作套话、废话少了，述真情讲真话多了。学生们学写诗歌、童谣、小古文，语言灵动有趣。曾小骞尝试小古文写作，《吾爱足球》《九寨之行》有模有样。学生创编小诗、童谣，如李雨森的《变脸》《玉林串串》获得成都市立德童谣征集传唱活动一等奖、三等奖，曾俊澄的小诗《明天，我们过"六一"》发表在《今日武侯》上。

实践证明，当教师成为阅读者、朗读者、领读者、指导者，能更好地帮助学生养成良好的阅读习惯，落实共享阅读的"质"与"量"，最终达成学生的"愉悦阅读、自信交流、自由表达"。

参考文献：

[1] 中华人民共和国教育部. 义务教育语文课程标准（2011年版）[M]. 北京：北京师范大学出版社，2012.
[2]〔美〕吉姆·崔利斯. 朗读手册 [M]. 沙永玲，麦奇美，麦倩宜，译. 海口：南海出版公司，2009.

（供稿：成都市玉林小学　李晓英）

# 探究小学生爱阅读的实施策略

**摘　要**：本文着重从如何帮助学生挑选经典的书目组建书柜和如何持续保持阅读兴趣两个方面进行阐述，非常具体地介绍了贯穿于整个小学阶段培养学生爱阅读、会阅读、海量阅读的有效方法，其中分阶段持续推进的好书推荐演讲活动尤其值得借鉴。

**关键词**：阅读；书柜；习惯；品质；策略

爱阅读，是一个人的希望火光；会阅读，是一个民族的兴旺利器。众所周知，爱阅读的犹太人是非常聪明的，阅读，也让这个民族无论面临怎样的险境，都能坚韧面对。如今，无论是教育部、一线教师，还是众多家长，都清醒认识到阅读对于一个孩子的成长有着多么重要的意义。《课标》明确指出："九年课外阅读总量应在400万字以上。"这个"400万字"是所有学生必须完成的阅读总量的底线。因此，作为一线的小学语文教师，培养每一个学生爱阅读、会阅读，是我们义不容辞的责任，也是兴国安邦的教育大计。经过多年的实践，我从以下两个方面探究了"既能激励学生实现海量阅读，又能帮助他们有效提升阅读品质"的实施策略。

## 一、书柜的自主建设和图书馆的有效利用

无论在家里、学校，还是社区，都很容易看到一排排柜子、架子摆满图文

并茂、内容丰富的书籍，供各年龄阶段的学生自主取阅；随处摆设有适宜阅读的书桌椅，形成了舒适安静的阅读环境。这无疑是润物无声地为他们创建了一个精神家园、心灵的寄养之所，潜移默化地给他们播种下一颗阅读的种子。

（一）指导家长和学生建设家庭小书柜

歌德说："读一本好书，就是和高尚的人谈话。"那么，书本也有好坏之分。为了保证学生接触到的书，都是经典耐读、充满正能量的，教师作为阅读先行者，帮助他们筛选、甄别书籍尤为重要。教师可以每个学期和每个假期为单位，阶梯式为学生推荐阅读书目，保证推荐书目的针对性、适用性。如紧扣教材中单元主题、名家作品、名篇名作推荐；结合年龄、性别特征推荐；根据时节推荐；依据阅读偏好推荐……总之，教师推荐书目遵循由少及多、由浅到深、由近到远、从基础教育到成长所需等原则，逐渐拓展延伸，让学生们的家庭书橱选书品质优良、种类齐全。

（二）家校合力建设班级大书柜

从现实需求和长远需求着眼，兼顾各学科课外补充需求，教师、家长和学生共同拟定购书计划，一次性建设好班级大书柜。之后，每年推陈出新，补给一批新发现的好书，淘汰外观破旧、内容粗浅的旧书，保证书柜藏书达到人均5本以上，始终做到班级书柜是学生课余时间心向往之的地方。

（三）充分利用学校的图书馆

学校持之以恒地建设书香校园，年年都在校园的亭台廊道、角角落落添置石桌椅、草蒲团，搭建开放式书架，摆放各种图书，方便学生利用零星时间，随时取阅。而百合书院的环境更是雅致而不失活泼，藏书更成体系。每一周，我们都会用一节语文课，带领全班学生到百合书院静静地读书。这节课成了学生们最期待的语文课，每当下课铃声响起时，他们总是舍不得放下手中的书，总要老师三番五次地催促后，才恋恋不舍地离开。书海中徜徉的自由、宁静之感是阅读的真谛。

（四）组织参观四川大学图书馆

学生很早之前就在老师的指导下利用周末时间去书城、社区图书馆读书，有时是各自家庭的自由安排，有时两三位同学相约去阅读。而我组织他们参观了学校附近的四川大学图书馆。参观中，学生们被上下8层楼的藏书所震撼，徜徉其中真是犹如于茫茫书海中航行；而专心致志、埋头苦读的哥哥姐姐令他们钦佩不已，偌大的图书馆里只听得见他们自己走过时发出的窸窣声。后来，从学生的言谈和习作中了解到，有的学生经常在家长的带领下进入图书馆阅读和学习，尽享那份阅读的宁静。这样的参观学习开阔了他们的视野，使他们对阅读的认知更为深刻。

### 二、持续开展好书推荐系列活动，提升学生的阅读品质

仅仅把学生置于书海中，而缺少灯塔的指引，他们很难深入发现阅读的妙趣，甚至有可能迷失方向。在多年的摸索和实践中发现，组织学生螺旋式地深入推进好书推荐演讲活动，能迅速点燃并使其有效保持阅读兴趣，快速提升他们的阅读理解能力和提炼概括能力，帮助他们发展语言表达力，逐渐形成自己的阅读见解，并让好书分享、你追我赶的阅读之事蔚然成风。这项活动大致分为三个阶段逐渐深入推进。

（一）定格阶段：全员参与，依样画瓢

根据各班学生的阅读量和阅读水平决定活动启动时间，可从二年级下期或三年级上期启动这项活动。首先，教师介绍此项活动的大致要求和具体做法，并组织学生和家长观看往届学生的好书推荐演讲PPT或视频，让他们形象直观地领会究竟要做些什么；接着，学生选择读过的一本好书，在家长的协助下完成PPT制作；随后，学生在家里反复朗读、熟记推荐内容，做到形似后即可自主申请上台演讲。每一位初次演讲者旨在破胆，初步体验上台演讲的整个流程。PPT内容大致包含作者简介、内容梗概、好词佳句分享、收获感悟、有奖问答等。活动时间既可以是每天零散的课前几分钟，也可以每周集中在一节班队课，采用主动优先、被动不落后的全员参与原则，保证每一个学生每学期至少有一次好书推荐演讲机会。

（二）入格阶段：精打细磨，提升品质

经过一至两个学期的轮回演讲后，每一个学生都在活动中品尝到了阅读分享的甜头和苦头。教师趁热打铁、深入指导，与家长共同严格督促，推动学生向前跨越一步。学生利用寒暑假，充分准备好书推荐演讲活动。

具体要求：PPT与演讲稿剥离开来——PPT上的文字要求精炼准确，与图片相得益彰，每一张PPT辅以较为详细的文字演讲稿；PPT和演讲稿的逻辑性强，板块清晰明了；演讲时要求脱稿，语言清晰流畅，字正腔圆，仪态大

方，限时 5~8 分钟（附评分表格，见表一）。

活动流程：采用优胜劣汰的原则，设立分会场进行小组内竞技性选拔——先分组初赛，人人当评委，在评价中汲取精华；小组内的优胜者再参加班级决赛，邀请家长评委参与活动，扩大影响力；最后，班级中的优胜者继续推进"经典永流传"跨班级、年级巡讲活动，即他们分别走进其他班或其他年级进行演讲，锻炼胆识，在他人鼓励与赞赏中继续在阅读之路上坚定地走下去。

表一　好书推荐演讲评分标准

| 姓　名 | 着装（1分） | 音量适中，语言流畅、生动（3分） | 仪态大方，动作、表情自然（2分） | 主题鲜明，内容说服力强（3分） | PPT简明、生动，有可读性（1分） | 总分（10分） |
|---|---|---|---|---|---|---|
|  |  |  |  |  |  |  |

（三）破格阶段：不拘形式，创意共享

随着学生年龄的增长、阅读水平的提高，鼓励和启发学生将课内阅读所习得的方法拓展延伸到好书推荐演讲中，尽显各自的独到见解和开拓创新精神。可以从单本书、一套书或多本书中提炼出鲜明的主题式演讲；可以从相同题材、不同作家作品中展开多角度的鉴赏式（比较式）演讲；可以从小说的不同人物形象中设计理性的辩证式（批判式）演讲；可以从读万卷书到行万里路，在带着书本的旅行中涉足广博的游学演讲；甚至可以"晒"阅读过的书籍图片，开展轻松的自主对话式交流分享。同时，可以打破"单打独斗"的格局，呼朋引伴组建学习小组，分工合作，共同参与打磨一个作品，共同参与班级展示交流；甚至可以完全抛弃PPT等辅助手段，充分展示个人或者团队的才华和个性，以多元的阅读视角去打开其他人新的视野。

三、阅读综合提升学生的人文素养

（一）活动持续有梯度，兴趣浓厚有温度

持续开展的有梯度的课外阅读活动，使学生的阅读兴趣越来越浓厚，自主阅读的习惯越来越稳定，80%以上的学生养成了"不可一日无书"的阅读习惯，阅读成了他们生活中不可或缺的部分。《课标》要求："小学六年的课外阅读总量不少于145万字。"而从学生在四年级下期的阅读总量统计图来看,百分之百的学生提前达到《课标》总量要求(图一)。通过大量的课内外阅读,学生的阅读速度也早早达到《课标》要求。《课标》只针对五六年级的学生提出明确要求:"默读一般读物每分钟不少于300字。"多次统计一节20分钟的阅读午会课,60%的四年级学生已经达到五六年级的阅读速度要求。从学生日常的语文学习中发现,学生的识字量、写字量显著增大,知识面特别广。在平常的语文课堂上,教师拓展分享的内容,经常只需开个头,就会有学生代为讲解。久而久之,他们的口语表达能力突飞猛进,书籍成了他们形影不离的朋友。

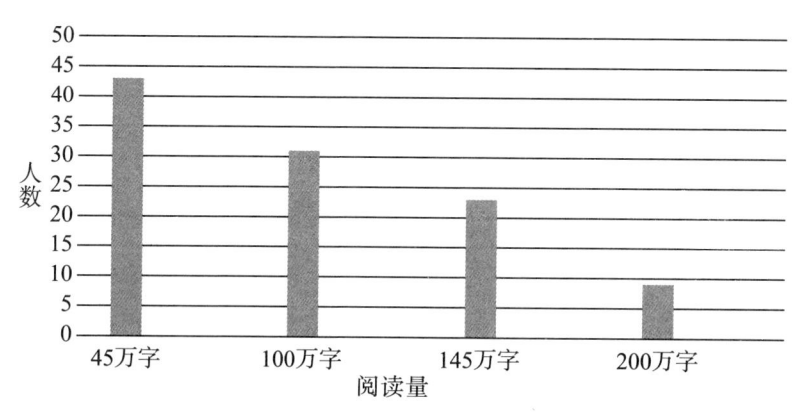

图一 四年级一班学生(43人)课外阅读量统计图

(二)阅读养正有深度,儒雅自信有风度

中华民族的"友善、宽容、尊重、真诚"等核心素养,随着课外阅读的深入开展逐步在每个学生心中落地生根,学生把更多的精力花在了静心阅读上,内心更加充盈,行动更加自信大方;学生之间的摩擦、矛盾减少了,举止行为更加儒雅大气。实践证明曹文轩所言是真理:"文学的根本意义在于为人类提供良好的人性基础",使之拥有正当的道义观、审美和悲悯情怀。

(三)阅读加持有力度,写作技巧有高度

学生进入高年级,掌握了习作的基本要领,行文思路有条理有逻辑,语言也能做到规范通顺,但是,语言的艺术性和思想的深刻性、独见性还不足,恰好这很难口口相传,需要个人领悟,而大量的阅读和上文所讲的课外阅读分享与评鉴,就能有力地弥补这个缺失。到了六年级,在批阅学生的作文时,经常因咀嚼玩味一篇篇选材独特、文采飞扬、情真意切的好文而倍感幸福。"阅读是弓，写作是箭。"学生已经在强弓帮助下，射出自己生活积累的箭，可喜可贺！

总之，这一系列的培养策略，把冰心关于读书的九字真言"读书好，好读书，读好书"植入学生的心中。学生的学习生活变得越来越愉快，教师的教育教学工作也越来越简单轻松。当我默默注视着这群沉浸在阅读中的学生时，仿佛看到一颗颗阅读之星缀满天幕，仿佛也看到了民族的希望、祖国的未来。

**参考文献：**

[1] 中华人民共和国教育部. 义务教育语文课程标准（2011年版）[M]. 北京：北京师范大学出版社，2012.

[2] 温儒敏. 语文 第九册 [M]. 北京：人民教育出版社，2019.

[3] 温儒敏. 语文 第十一册 [M]. 北京：人民教育出版社，2019.

[4] 中新社. 曹文轩：文学的根本意义在于为人类提供良好的人性基础 [EB/OL]. （2019-11-04）. https://baijiahao.baidu.com/s?id=1649283965686526223&wfr=spider&for=pc.

[5] 搜狐网. 曹文轩：阅读是弓，写作是箭，语文学习不能缺弓少箭 [EB/OL]. （2019-10-24）. https://www.sohu.com/a/349461927_653012.

（供稿：四川大学附属实验小学 许艳丽）

## 基于核心素养下小学语文共享阅读的策略探究

**摘　要：** 在阅读教学中语文教师要学会使用整体思维、增强课程整合意识。本文探索了以周为单位的主题阅读教学实践，即每周共同探讨确定一个主题，学生在周日写出本周读书心得，周一在课堂上进行交流发言，有目的地引导学生围绕某一主题进行阅读，进行横向比较，格物致知。在整个实践过程中，依据阅读策略指引把共享阅读过程划分为三个阶段——阅读前、阅读中、阅读后，并为每一个阶段匹配相应阅读策略，学生在教师的启发和帮助下，以自身为主体，充分发挥小组学习、全班学习的群体作用，在合作中学习，加强阅读理解，丰富语言积累，提升阅读能力，促进语文核心素养的发展。

**关键词：** 核心素养；共享阅读；策略

小学语文素养是指在小学时期应形成的、较稳定的、基本的听说读写能力，也是指在语文方面表现出来的学识修养、行文风格、人文情趣等。《课标》中指出："自主、合作、探究"是适应时代要求和语文教学的一种行之有效的方式。这种方式具体表现为学生在教师的启发和帮助下，以学生为主体、充分发挥小组学习、全班学习的群体作用，在合作中学习知识、丰富积累。"共享阅读"正是以"自主、合作、探究"的方式开展的一种有目的的阅读活动，旨在将个人或集体的阅读感受分享给他人，借此加深对阅读文本的理解，提升阅读能力，发展语文核心素养。那么，如何有效指导学生进行共享阅读呢？希望能通过多样化的阅读策略，优化语文教学方式，促进学生愉悦阅读、自信交流、自由表达。

### 一、主题为线，整合共享阅读资源

要开展共享阅读教学，教师就要学会整体思维，增强课程整合意识。共享阅读教学中的"主题"，源于母语教育的文化性，表现为具有生命意义的词语。在共享阅读中以一个个主题为线索，整合阅读资源、生活资源和文化资源，以促进学生精神成长、语言能力发展为目标，在着力提高学生语文素养的同时，积极引导学生关注当下生活，关注自我精神世界的构建，传承民族文化和世界优秀文化，从而实现"语文立人"。在实际教学中，可以以单元主题为线索，对整个单元的课文进行阅读整合教学，再在此基础上，让学生进行主题拓展阅读，开阔学生的阅读视野。另外，也可让学生自主选择某一个主题进行组文阅读。这样，通过开展主题阅读，可以改变以往课外阅读"放任自流、良莠不齐"的情况，进而有目的地引导学生围绕某一主题进行阅读，横向比较，格物致知，让学生在共享主题阅读的过程中提升阅读力。

在主题阅读过程中，我和学生一起做了以下尝试。

1. 学生以周为单位进行主题阅读，明确阅读时间。

用午读和暮省的时间或周末的休息时间来进行阅读。每天读书不得少于半小时。让每位学生明确个人的读书时间，以便充分合理地利用课余时间来读书。

2. 每周师生共同探讨确定一个主题，教师推荐书目。

比如，本周确定的阅读主题为"勤学"，我就推荐了有关勤学的文章《铁杵成针》《囊萤夜读》《牛角挂书》《悬梁刺股》等，学生进行主题阅读。这样有利于学生进行主题内的文本比较，增加学生阅读的深度。

3. 学生周日写出本周读书心得，周一在课堂上进行交流发言。

围绕主题进行共享阅读交流，使学生发现问题和解决问题的兴趣提高了，学生深入、独立思考的能力得到培养。学生们在主题阅读中，有了深刻的切身体验和感悟，获得了多元发展。

## 二、策略指引，提升阅读理解能力

面对丰富的阅读材料，怎样使学生在共享阅读中更具有互动性和思考性，从而提高他们的阅读理解能力呢？教授学生阅读的有效策略尤为重要，即教给他们如何使用自己的经验和知识去理解阅读材料的方法。如果学生掌握并能熟练运用有效的阅读策略，那么他就能成为更加出色的阅读者。

如果我们把共享阅读过程划分为三个阶段——阅读前、阅读中和阅读后，那每一个阶段都应该有与之匹配的阅读策略，来丰富学生的阅读体验，从而加强学生对阅读文本的理解。

### （一）第一阶段——阅读前策略

阅读前策略主要是在共享阅读之前，运用"K-W-L"表格、读图等方式激发学生阅读兴趣，帮助学生在阅读前关注文本。

1. "K-W-L"表格。

表一 "K-W-L"表格

| K 我已经知道的 | W 我想要知道的 | L 我学习到的 |
| --- | --- | --- |
|  |  |  |

让学生在阅读前填写"K-W-L"表格中"我已经知道的"和"我想要知道的"两部分内容，然后带着已知的自信和未知的期待打开书籍，开启阅读之旅，培养学生成为积极的思考者。

2. 读图。

图片有具体的形象，能更好地激发学生的学习兴趣。在阅读前，先指导学生发现图片中蕴藏的丰富信息并加以深入的挖掘，让学生从图片中获取知识和信息，一方面可以达到"此时无声胜有声"的教育效果，另一方面也吸引学生从关注图片转向专注文本的探究。在进行丰子恺先生的《白鹅》一文的阅读教学前，我就运用此策略，先出示了丰子恺先生画的"白鹅图"，让学生对白鹅的高傲形象有一个整体认知，然后引导学生仔细读图，观察白鹅的特点，从图上白鹅的身姿、步态、吃相等角度去感受白鹅的高傲和有趣。此时，学生不但喜欢上了丰子恺画中的白鹅，还对丰子恺文中的白鹅产生了浓厚的兴趣，迫不及待地想开始阅读。

(二) 第二阶段——阅读中策略

阅读理解是在阅读过程之中产生的。在阅读中的这个阶段，当学生捧着书、看着文字时，教师要教给他们什么呢？教授学生联系生活、提问、想象画面、推测、转化等阅读策略，可以指导他们在阅读过程中如何有效思考，从而提升阅读理解能力。

1. 联系生活。

当阅读的时候，我们大脑里想起生活中发生的一件事情会帮助我们来理解文本，这就是联系生活。我们的生活经验丰富了我们的人生，创造出可供我们在阅读时汲取的经验之泉。在阅读文本时联系生活实际深化阅读体验可能是学生最容易理解和掌握的策略。当学生阅读时将文本中的故事与自己的生活联系起来，这个故事就变得更富意义。教学生阅读时联系生活，是要教他们去关注故事中那些触发他们联系自己实际生活的点，可能是事件、人物或地点，使其根据自己生活经验来理解文本内容，从而提升思考力和理解力。

2. 提问。

在阅读时，大脑里做的另一件事情也会帮助我们更好地理解文本，那就是提问。鼓励学生在阅读时提问，可以促进他们成为自信的思考者和学习者。读完一段文本后，回答阅读理解的问题并不能十分有效地激发求知欲和深入思考，而教学生提出超越文本字面内容的问题则可达成更好的阅读效果。当然，提问策略的掌握并不是一蹴而就的，它需要学生在阅读中不断练习、讨论，才能提出深入思考型问题。统编语文教材（四年级上册）有一个提问策略单元，我们在阅读精读课文《一个豆荚里的五粒豆》和《蝙蝠和雷达》时引导学生学习多角度地提出问题；阅读《呼风唤雨的世纪》时让学生学习筛选出对理解课文最有帮助的问题；阅读略读课文《蝴蝶的家》时则让学生迁移运用学到的提问策略，筛选出对理解课文最有帮助的几个问题，并尝试解决。这样学生通过自己的思考、理解、提问和回答，自然就加深了对阅读文本的理解。

3. 想象画面。

当阅读故事或小说时，尽管可能没有插图，但我们会在脑子里勾勒出故事中的场景，这就是想象画面。想象画面与联系生活紧密相关。这两种策略都更需要读者根据自己的经验来理解文本的含义。想象画面不难做到，每一个学生都有闭上眼睛想象画面的能力。但是，我们的学生在家里大量地观看电视或手机视频，往往缺乏实际经验，这使得大脑的图像化功能需要一些锻炼。在教授学生想象画面的策略后，一定要选取描写学生熟悉的事物的书，这会让他们容易地去想象。当学生在阅读中想象画面时，他们其实是在使用从文本中读到的词语"创造形象"，把自己的背景知识和作者的语言结合起来，创造出可以增强文本理解并将阅读带入生活的思维图像。当沉寂的文字变成了鲜活的画面存在于脑海中时，对于文本的理解就更加深刻了。

4. 推测。

阅读中，我们知道并不是所有作者都会把一切内容写成文字，有的作者在图画和故事里留出线索，我们阅读时得自己去弄明白作者试图说些什么，此时我们在做的就是推测。推测就是在大脑里"填入"没有体现在文本或图画中的内容，以便我们读出字里行间的意义。托妮·莫里森在《作为艺术家的读者》一书中提道："我读文学作品很慢，挖掘出隐藏的东西……努力想象哪些已经在那里，注意哪些不在。"这其实就是在阅读中运用推测这一策略处理文本。我们要教授学生在阅读时从文本中、图画中、自己的已有知识中寻找有助于理解文本的线索。有的书中，作者写下的文字非常少，意味着阅读时读者需要进行更多的思考，要学习在大脑中"填入"没有"写"在文本中的内容，这才是共享阅读理解深化的体现。比如阅读《雪孩子》后，让学生思考：看着雪孩子变成白云，小白兔心里会想些什么呢？阅读《蜘蛛开店》，让学生不断想象：接下来会发生什么事呢？这样引导学生在阅读过程中推测故事情节的发展和结局，有助于学生理解文本内容，也丰富了学生的阅读体验。

5. 转化。

在阅读某些书籍时，可以改变我们对于自己、他人或是世界的思考，这就是转化。转化是很复杂的一个策略，因为它需要以前面的四种阅读策略为基础并将其结合起来，对文本进行综合分析，而产生思考上的变化。为了让学生更清晰地明白这个策略，我在一次共享阅读中，使用了《丑小鸭》这本书来示范。这个故事写了一只小天鹅在鸭群中破壳而出后，因相貌怪异，被鸭群鄙弃，历经千辛万苦、重重磨难之后长成了白天鹅的过程。读完故事后，我与学生分享了我对于故事的综合分析："我想这是一个关于追求理想、努力奋斗的故事。对于丑小鸭来说，它并没有因为自己被嫌弃、被嘲笑，就自我否定，放弃追求。所以，最后它实现了自己的理想——变成了美丽的白天鹅。"随后，我提醒学生，我们每一个人都不一样，我们对一个故事的综合分析也可能会不同。这时，一个男孩举手发表了他的看法："我想这个故事告诉我们有时候你在去往一个好地方前，先要去一个坏地方。我从书中明白了，即使有时我们感觉自己很倒霉,但终究会好起来的。"听完他的发言,我十分佩服和激动,告诉他:"你的分析棒极了!因为你的分析,我从书中获得了更多的意义。"我想,这样有思考、有转化的阅读,才是我们所追求的共享阅读。

(三) 第三阶段——阅读后策略

在共享阅读后,教师可以通过让学生画思维导图、写读后感、进行文本摘要等策略进一步提升学生的阅读效果。一方面了解学生实际的阅读状态;另一方面也促使学生产生阅读的成就感,营造良好的阅读氛围,吸引学生自觉加入共享阅读的行列。

在共享阅读中,教师以主题为线索,整合共享阅读资源,用丰富有效的阅读策略做指引,以理解为核心,以思考为着力点,让学生在阅读中掌握寻找文本信息和意义的方法,提升阅读理解能力。这样不仅培养了学生的学习自信,激发了他们的学习潜力,也活跃了学生的思维,有利于促进学生核心素养的形成和发展,让他们轻松学习、快乐成长。

**参考文献:**

[1] 中华人民共和国教育部. 义务教育语文课程标准 (2011年版) [M]. 北京:北京师范大学出版社,2012.

[2] 〔美〕吉姆·崔利斯. 朗读手册 [M]. 沙永玲,麦奇美,麦倩宜,译. 海口:南海出版公司,2009.

[3] 李艺,钟柏昌. 谈"核心素养"[J]. 教育研究,2015 (09):17-23.

[4] 〔加〕阿德丽安·吉尔. 阅读写作策略丛书 阅读力 文学作品的阅读策略 [M]. 岳坤,译. 南宁:接力出版社,2017.

(供稿:四川大学附属实验小学江安河分校　杨　璐)

## 小学共享阅读的实践路径

**摘　要:**小学阶段的共享阅读资源丰富,要通过建设书香校园,制订分学段的阅读计划,建立完善家庭、班级、年级、学校四级书库,激发学生的阅读兴趣,培养学生的阅读好习惯,让阅读融入他们的生活。要扩大学生的阅读量,让学生养成阅读、诵读、积累、练笔的好习惯,需开展多形式、多层次的阅读分享和展示活动，拓展阅读的深度，指导、交流、分享阅读的方法。共享阅读资源、"好书悦读漂流"等活动提升了学生的沟通能力、语言表达能力、合作思辨能力，增强了他们的自信心、责任感。师生共读、同伴互读、亲子阅读等促进了师生、生生和亲子关系，实现了书香伴"我"成长。

**关键词**：共享阅读；悦读书库；好书推荐；漂流巡讲；成长

《课标》提出让学生"具有独立阅读的能力，学会运用多种阅读方法"的总体课程目标，呼吁语文教师帮助学生"多读书，好读书，读好书，读整本的书"，"加强对课外阅读的指导，开展各种课外阅读活动，创造展示与交流的机会，营造人人爱读书的良好氛围"。国家倡导全民阅读，学校教育作为推进全民阅读的主阵地，最关键的是建设书香校园，让学生养成阅读的好习惯，提升阅读兴趣，提高阅读能力。书香校园，共享的不仅仅是书籍，更是一种思想价值、一抹精神底色、一段岁月静好的读书时光。共建书香校园能丰富学生的阅读空间，激活家庭、班级和学校资源，营造温馨浓郁的阅读氛围。

## 一、制订学校、年级阅读方案

学校是开展共享阅读的主阵地，能从课程建设的高度，制订分年段的阶梯阅读计划，推荐符合国家发展需要、反映社会核心价值、体现民族优秀文化和适合学生年龄特点的好书。整合家庭、班级、学校和社区丰富的阅读资源，构建家庭、班级、年级和学校四级书库，让学校处处有书屋，有特色鲜明的文化符号；让班级人人喜读书，有安静幽雅的读书环境；让学生时时能分享，有轻松愉悦的碰撞交流。整个校园书香浓郁，阅读氛围浓厚，"晨诵、午读、暮省"式的共享阅读成为学生每日不可或缺的部分。

学校和年级梳理了《课标》对小学三个学段学生的阅读总量、内容、积累、习惯与能力的要求等，制订了共享阅读方案。

学校的共享阅读方案指导思想是"丰富阅读阵地，培育阅读心智，构建书香校园，激活家庭资源"，规划了"校级、班级、家庭"三条阅读路径，按年段有侧重地施行共享阅读方案。

每个年级根据学校方案再制订年级阅读计划，表一为五年级阅读计划。

## 表一 五年级阅读计划

年级：五年级　阅读项目负责人：吕永会

| 高段目标： 阅读总量：课外阅读总量不少于100万字 阅读内容：叙事性作品、诗歌 阅读积累：诵读优秀诗文，背诵优秀诗文60篇（段） 阅读习惯与能力：利用图书馆、网络等信息渠道尝试进行探究性阅读，根据需要搜集信息 |||
|---|---|---|
| 学生参与面：100%　教师参与面：100% |||
| 学生学期阅读量 | 一级阅读量 | 每生每学期达到25万字，至少读2本以上推荐好书 |
|  | 二级阅读量 | 每生每学期达到30万字，至少读3本以上推荐好书 |
|  | 三级阅读量 | 每生每学期达到35万字，至少读4本以上推荐好书 |
| 学月活动核心点 | 第一学月 | 启动读书活动，班级和年级廊道文化布置。学生完成午间阅读巡讲培训准备活动，准备个人名片和邀请函 |
|  | 第二学月 | 向三四年级爱阅读的学生发"好书悦读巡讲"邀请函，五年级各班分别派4名巡讲员支持一周的午间巡讲（每周2次） |
|  | 第三学月 | 向三四年级爱阅读的学生发"好书悦读巡讲"邀请函，五年级各班分别派4名巡讲员支持一周的午间巡讲（每周2次） |
|  | 第四学月 | 总结本期读书活动的得失，为优秀的悦读者和巡讲者颁奖 |
| 学期阅读书目 | 本学期重点阅读书目 | 《纳尼亚王国传奇》 《妈妈走了》 《人鸦》 《爱心企鹅》 《外公的13号古宅》 《城堡里的月亮公主》 |
|  | 本学期亲子阅读书目 | 《吹小号的天鹅》 《精灵鼠小弟》 《长腿叔叔》 《沈石溪动物小说系列》 《夏洛的网》 |
|  | 本学期推荐阅读书目 | 《了不起的狐狸爸爸》 《柳林风声》 《列那狐的故事》 《鲁滨孙漂流记》 《绿山墙的安妮》 《绿野仙踪》 |
| 成果展示项目 | 读书心得、学生百合讲坛"好书悦读巡讲活动"总结、读书通讯 ||

## 二、共建家庭、班级、年级和学校四级书库

一个人的阅读史往往就是其内心的发育成长史，小学阶段的阅读更具有"种子"的功能。家庭、班级、年级和学校可以整合丰富的阅读资源，共建阅读书库。共享阅读资源，既能节约成本，又能实现图书的循环流动，资源利用率高，图书种类增加（科普读物、童话故事、历史典故、经典名著等应有尽有），在一定程度上能极大地丰富学生的阅读类别，拓展学生的阅读面，加大其阅读的深度。

语文教师以统编版小学语文教材单元主题为依托，围绕人文主题和语文要素提前进行自主阅读，筛选适合本年段学生阅读的书籍，列出并共享必读和选读书目，供学生、家长、其他教师和学校选用。

学生和家长共同整理家庭藏书，再根据教师的推荐和自身的需要对家庭书库进行重构和完善，保证每期每个家庭书库备书不少于 15 本。班级每生每学期捐赠 5 本以上优秀的适合本年段学生阅读的书籍，充实班级"三味书屋"，保证班级的图书总数在 300 本左右。每个班级从班级书库中挑选人均 2~3 本好书放于廊道年级阅读空间，以便学生课外阅读时取用。家委会根据教师或者家长推荐书目统一购置数册优秀图书，作为奖励供全班学生轮流在家阅读。每学年结束，各班自愿将班级完好的书籍打包送到学校百合书院，充实书架。家庭、班级、年级和学校四级书库的建立，营造了良好的校内阅读和亲子阅读的氛围，保证了小学生阅读的广度。按此方案实施，小学六年每人阅读总量不少于 150 万字，每天能阅读半小时以上，每一个月能精读一整本的书。

## 三、分年段进行"好书悦读漂流"，让学生在书香中成长

### （一）低段：诵读经典，亲子阅读，激发阅读兴趣，培养阅读习惯

低段学生以形象思维为主，善于模仿，想象力丰富，识字写字处于启蒙阶段，《课标》要求低段学生每人课外阅读总量不少于 5 万字，阅读浅近的童话、寓言，诵读儿歌、童谣和浅近的古诗，积累自己喜欢的成语和格言警句，背诵优秀诗文 50 篇（段），养成爱护图书的习惯。因此，低段共享阅读重在每日经典晨诵，在阅读午会进行好书分享，课外进行图文并茂、带拼音的童话书和绘本的自由阅读，传统节日或重大活动时进行经典诵读比赛。

低段学生年龄小，识字有限，因此亲子阅读非常有必要。统编版小学语文低段教材将"和大人一起读"的学习方式作为教学内容的创新体现。"和大人

一起读"既符合小学生的阅读需求和心理需求，也体现出儿童文学的审美价值，强调了家长参与孩子的成长，激发孩子的阅读兴趣，培养孩子良好的阅读习惯，让孩子感知文学气息的重要性，在一种轻松愉悦的氛围中享受阅读。

低段共享阅读采用积"☆"换礼、班级展示、发放喜报、评选每月"阅读之星"等形式评价，重在激发学生的阅读兴趣，培养其阅读习惯。

（二）中段：好书推荐，悦读漂流，指导阅读方法，提升阅读能力

中段学生具有一定的识字和写字能力，已经能够独立自主地进行阅读。《课标》要求中段学生课外阅读总量不少于40万字，诵读优秀诗文，积累课文中的优美词语、精彩句段，以及在课外阅读和生活中获得的语言材料；背诵优秀诗文50篇（段），养成读书看报的习惯，收藏并与同学交流图书资料。

中段学生随着自主阅读能力的提升，阅读的范围扩大到科普、科幻等故事书籍，阅读兴趣更浓，阅读速度更快，每周能阅读一本以上的书籍。因此，在学生诵读优秀诗文、自由阅读不带拼音的故事书籍的同时，教师还要在班级组织学生进行好书推荐，指导学生如何进行好词佳句的积累，养成阅读、积累、练笔的好习惯，带领学生每周进行一次以上好词佳句摘抄、小练笔（日记）等"快乐学习、积累经典、传承文化"的活动，进行"共读一本书"的阅读指导，让学生小组合作办"好书悦读"小报、进行班级文化布置等。

中段共享阅读继续采用积"☆"换礼、发放喜报、评选每月"阅读之星"等形式评价，指导学生的阅读方法，提升其阅读能力。

（三）高段：知识竞赛，阅读巡讲，提升沟通、表达和思辨能力，促进思维和心智成长

高段学生已经养成了良好的阅读习惯，阅读范围扩大，阅读能力提升。《课标》要求高段学生的课外阅读总量不少于100万字，能阅读叙事性作品，阅读诗歌，诵读优秀诗文，背诵优秀诗文60篇（段），能利用图书馆、网络等信息渠道尝试进行探究性阅读，根据需要搜集信息。

高段学生对名著和诗歌等优秀文学作品已经有了阅读兴趣，对故事的情节和人物思想有自己的判断和评价。高段共享阅读的形式是细节积累和小练笔，进行班级小组好书分享和"轮转日记"活动，教师每学期在阅读课上指导学生完成2篇以上读书笔记，进行"与好书为侣，架心灵之桥"的年级、班级文化布置，开展"书缘"的主题活动。年级成立学生百合讲坛"好书悦读巡讲活动"，在教师的指导下，学生在班内进行"我与书的故事"演讲竞选，各班推

选 4 名优胜者参加年级的好书悦读推荐活动。教师对小讲师进行培训，接着小讲师准备好个人名片和"好书悦读巡讲活动"邀请函（见图一）发放给三四年级喜欢阅读的同学，五年级各班分别派 4 名小讲师支持一周的午间巡讲（每周 2 次），并现场发放反馈表（见图二）。

## 邀 请 函

亲爱的_____同学：

　　诚恳地邀请你参加川大附小首届学生百合讲坛"好书悦读巡讲活动"。时间：20__年__月__日（星期___）中午 1:00—1:30，地点：录播室。请你凭邀请函准时参加。

　　敬请光临

四川大学附属实验小学五年级组好书悦读巡讲团
年　月　日

**图一　"好书悦读巡讲活动"邀请函**

### 五年级"好书悦读巡讲活动"反馈表

班级_____　姓名_____　时间_____

1、你对于这次五年级哥哥姐姐的悦读巡讲活动（　　）。
　　A、很喜欢。　B、较喜欢。　C、不喜欢。
2、今天你记住的的课外书籍是（　　）。
　　A、漫画　B、童话故事　C、科幻故事　D、历史故事　E、诗歌
3、你愿意再次参加这样的活动吗？（　　）。
　　A、很愿意。　B、较愿意。　C、不愿意。
4、这期活动，你最喜欢的书名是《_____》，因为_____；这本（类）书中，你最喜欢的人物是_____
因为_____

**图二　"好书悦读巡讲活动"反馈表**

　　教师还会组织学生参加其他各级各类读书交流活动，如"青少年国学大赛""成都市国学经典知识竞赛""四川省中小学'阳光阅读·文轩杯'读书活

动""'我和一本书的故事'一分钟读书视频网上投票活动"等。

高段共享阅读每周会在班级内开展，学生的读书笔记和阅读心得小报会用于班级文化布置，期末班级会总结本学期读书活动的得失，为优秀的"悦读者"和"巡讲者"颁奖。各种形式和级别的阅读知识竞赛、阅读巡讲，提升了学生的沟通、表达和思辨能力，促进学生思维和心智成长。

"阅读—悦读漂流—共享阅读"，这是一个阶梯，一个享受读书快乐的阶梯，一个进步的阶梯，一个感受学生越来越爱读书、越来越会读书的阶梯！知识构建和谐社会，书香校园倡导健康生活，共享阅读成就精彩人生。让阅读成为不可或缺的快乐之源，让学生在共享阅读中快乐成长，让共享阅读滋养性格、纯净心灵。

（供稿：四川大学附属实验小学　吕永会）

# 第二章 共享阅读的实践之路

## 小学阶段共享式阅读课堂教学探索

**摘　要**：《课标》中指出："阅读教学是学生、老师、文本之间对话的过程。"这个对话过程，不同于一般的活动。它是一个三方共享的教学活动，是一个思维互通的学习平台，还是一个心灵互达的作用过程。共享式阅读教学的开展，是借助共享阅读，帮助学生获得高尚情操的熏陶、个性的发展、内心世界的丰富，让他们幼小的心灵共同激荡、共同升华，具有特别的价值意义。

**关键词**：共享阅读；阅读方法；情感成长

阅读教学是小学语文教学中的一个重要板块。《课标》指出："小学生要能够初步理解、鉴赏文学作品，受到高尚情操与趣味的熏陶，发展个性，丰富自己的精神世界。"作为教学者，应该如何进行有效的阅读教学，达到让学生能进行文学鉴赏，得到情趣熏陶、自我丰富的目标呢？我们可以采用共享式阅读教学。

在共享式阅读教学的课堂中，教师应该有正确的定位：既是课程内容的设计者，又是课程计划有效实施的组织者，还是帮助学生在共享阅读中共同成长的引导者。在此定位下，我们可以通过以下办法实施共享式阅读教学。

### 一、精准提问以激趣

阅读教学过程是一个对话过程。在这个过程开始之前，需要教师通过精准的提问来为学生建设一座连接思维与文本内容的桥梁。如何做到"精准"提问？

（一）结合学生认知着力点开启提问

问题的设置，应遵循学生年龄特点和身心发展规律，并结合当下应景的、新鲜的材料开展，以引发学生的认知矛盾，激发学生了解文本、解决问题的兴趣。比如，新冠肺炎疫情较严重时，部分学生因父母驻扎一线工作不得不一个人居家学习，或者与老人待在一起，产生了烦躁、孤独、无聊的情绪。教师可以借助绘本《汤姆无聊的时候》进行共享式阅读教学活动。《汤姆无聊的时候》中的汤姆，因为下雨被迫待在家里，无聊烦闷，和家庭成员产生矛盾，后来通过做有意义的事情缓解了负面情绪，解决了家庭矛盾，还给家人带来了快乐。在进行这本书的共享阅读前，教师可以设置此类问题："疫情期间，你在家里是怎么过的？""你在居家学习时，有过孤独无聊的时刻吗？""你在父母不在家时，是如何照顾好自己的？"等。这些问题紧紧结合学生现状，能快速激发学生阅读的兴趣，他们迫不及待地翻阅《汤姆无聊的时候》，来看看汤姆是怎么做的。

（二）把握教学重难点进行连续提问

共享式阅读的教学重难点是课堂教学的核心内容，在提问时，可以给学生提供有一定难度的、能激发学生挑战兴趣的问题，并在学生简单响应后进行持续追问，将学生个人的思考或集体的讨论引向深入。

因此，把握重难点进行的连续性提问，不应该是只让学生回答"是""不是""对""不对"等单一答案的信息类问题，而应该是具有发展性，需要学生在头脑中进行理解、消化、辨别、回忆、联想、重组等思维活动，最后通过对问题的梳理、判断进行发言评价。因此，把握重难点的课堂提问需要有连续性、发展性、针对性、反馈性，以帮助学生获取情感的熏陶并丰富自我。

## 二、引导整体以共感

共享阅读教学中，引导学生整体感悟文本内容，在脑海中留下初步印象，有助于帮助学生将已有知识和新情境产生链接，构建有轮廓的画面，更深入地理解文本内容。

（一）"四素句"共感法

"四素句"即包含时间、地点、人物（事物、景物）、事件（内容）的句子。用"四素句"的方法引导学生提取文本信息，明白文本主体要件，知道什么时候，在哪个地点，发生了什么事，结果如何。让学生对文本有初步的、表层的理解。比如，我们指导学生阅读《卖火柴的小女孩》，文本篇幅较长，初读后，学生头脑中储存的信息各个不同、杂乱繁多。比如，A学生以平安夜、寒冷、哆嗦等环境印象为主；B学生头脑中则是赤脚、金发、又青又红等人物外部特征信息居多；C学生对火柴、大雪、烤鹅、火炉、圣诞树、刀叉、奶奶、漏风等零散的词汇记得比较多……如果不及时进行关键信息的提取和梳理，学生可能会在"头脑风暴"中迷迷糊糊地进行文本的阅读。我们可以利用"四素句"的方法，根据不同学生的反馈提取出文本信息，加以结合，就成了"共同梳理—共同产生"的清晰简洁的整体感知，每个学生就都能明确《卖火柴的小女孩》写了在下雪的平安夜，一个小女孩因卖不掉火柴而不敢回家，结果被冻死的故事。学生有了这个初步印象，再进一步思考她为什么不回家，她为什么幻想火炉、幻想烤鹅、幻想圣诞树、幻想奶奶等问题，才会形成新的答案。因此，学生初读课文可以用"四素句"的方法提取并存储有价值的内容。

（二）"同唤醒共期待"感知法

在帮助学生进行文本的整体感悟时，可以利用学生已有的知识经验，精准提问，唤醒学生记忆，让众多旧知旧感与新的文本产生碰撞，引导学生产生阅读期待。阅读期待成了一个引导学生阅读思考的方向，会让学生带着想法阅读新的文本，并产生新的见解和想法，形成自己的整体感悟。例如，甲学生早已学习过国学经典《孔门三乐》，会产生对古汉字"门"的思考，知道了"门"既指大门，又指门道、途径，还有门派、家族的意思。乙学生学习过书法，对"门"的"篆书—隶书—行书—草书—楷书"的演变非常熟悉。在学习古诗《望天门山》时，甲、乙学生可以根据对"门"的旧知，向其他同学反馈信息。大家在初读古诗后，结合甲、乙的旧知，明白"天门山"是大山之门的意思，对"天门山"产生了巍峨雄伟的初步印象，帮助大家共同理解李白笔下的诗情、诗意、诗境。

### 三、巧拨线条以同思

整体感知后的深度阅读，是共享式阅读教学中的一个重点。文本内容是有发展脉络的，体现了作者在撰写文章时的思维条理。对文本内容发展脉络的把握，也是共享阅读教学的难点。我们可以巧妙地梳理文本发展脉络，共同分享新发现、新思考，找出文章结构的关键，达到共同分享、共同收获的目的。

（一）巧点文眼

针对有难度、篇幅又相对较长的文本，教师可以巧妙点出文章的关键句，从关键处入手，和学生一起共同理清文本发展脉络。这个关键句，是文本之眼，从此入手，可以取得"牵一发动全身"的效果。例如，在学习《在牛肚子里旅行》时，学生对红头的经历感同身受。可文章重在通过红头的经历展现青头的聪敏机智、勇敢仗义。因此，如何让学生将思维着力点放在青头上呢？文章开篇有一个关键句，它可以成为正确理清思路的文眼——"红头和青头是一对好朋友"。教师可以把这句话点出来，提出以下问题请学生思考：好朋友是什么？他们遇到问题会怎样？我们看看文中的一对小动物是不是好朋友呢？从哪里可以看出？在学生的共同反馈中，教师巧妙梳理小结，阅读群体思路就打开了。

（二）捕捉线索

线索贯穿于全文，捕捉线索是理清思路的一大妙招。学生容易理解拥有具体形象的事物。当文章是以具体事物为线索时，教师们可以捕捉线索，并加以引导，和学生一起共同梳理出文章的思路。例如，在《卖火柴的小女孩》一文中，教师可以从题目中提取"火柴"二字，让学生共同想象火柴的样子，并结合学生初读后的整体感知和他们一起梳理出作者的写作思路：卖火柴—擦火柴—火柴灭。长长的文字和大量的故事信息在学生头脑中瞬间变为清楚明了的概要。思路清楚了，再按思路理解文本内容，就简单了。

有些文本中有明确的表示顺序的关键词，例如，在写景的文本里可能会出现"早上""中午""傍晚"，在说明文里有"首先""其次""然后""最后"等，可以帮助学生利用这类关键词快速理解文章思路。

（三）划分层次

小学高段的学生可以在教师的引导下，共同讨论文本层次的划分，以理解文本内容。不同的文本体裁，思考文本层次的方向不一。写景的文本考虑时间顺序、空间顺序以及文章结构（总分、分总、总分总）；记叙文应着力于事件的发展顺序、寻找"六要素"、人物的情感变化；小学阶段议论文较少见，如遇上议论文可以按结构来划分。

## 四、合理评价以共悟

阅读评价是对学生阅读的独特的感受、体验和理解的珍视。合理的阅读评价是对学生阅读的引导、思维空间的拓展和阅读质量的提高。共享阅读是一个群体活动，多人的多量感悟，更离不开有效的阅读评价。那么，教师应该如何进行共享式阅读教学的评价呢？《课标》指出："学生的阅读素养要从他们掌握阅读策略的程度评价。"共享式阅读教学中的评价，重在关注学生阅读质量的提升，关注教学效果和教学目标是否达成一致。

（一）尊重差异，鼓励进步

学生获取的信息不同，在共同分享时，信息量不同，信息内容广度不同，甚至还会在正确性上出现偏差。教师应在群体中鼓励学生的获取行为，肯定学生的分享行为，激励学生产生多阅读多见识、多分享、多成就的想法，感受到愉悦的精神收获。

（二）巧妙点评，启迪思维

小学生对文本的阅读理解效果跟生活经验的丰富与否息息相关，对具有深刻含义的文本会有理解困难。教师进行巧妙点评，能启发学生打开新的思路，产生新知。例如，在理解《一块奶酪》结尾小蚂蚁为什么干活劲头更足了时，三年级的学生较多认为是为了收工时能分到奶酪。教师可以带领学生反复阅读关键句，用"蚂蚁队长的命令是为了什么""蚂蚁队长让大家离开，大家会怎么猜测""蚂蚁队长最后有没有吃奶酪渣"等问题启发学生，让学生产生新的思考——"蚂蚁队长对自己严格要求""大家很受感染"等，从而明白"蚂蚁干活更起劲是因为被队长的精神感动了"，达到对文本的深入理解。

共享式阅读教学中，教师通过精准提问、整体共感、同思文线、巧评共悟的方法，有效地帮助学生受到高尚情操与趣味的熏陶，让学生的个性得到发展，精神世界更加丰富，让师生在分享中进行思维互碰，从而实现共思同想、心灵互达。

（供稿：四川大学附属实验小学　王锦兰）

# 小学低段阅读教学中的童话与现实
## ——"千万不要上当"主题阅读

**摘　要**：一年级学生的阅读文本以生动有趣的童话故事为主，学生通过这些故事感受世界的美好，对生活有浅显的认知。但童话大多是被美化过的，和现实世界有着一定的区别。如何引导学生分清童话和现实，并能用正确的态度对待二者的差别，在一年级的阅读教学中有着重要的意义。通过"千万不要上当"的主题阅读活动，让学生明确"陌生人"的含义，学会防备陌生人，产生自我保护意识。同时通过故事复述、分角色表演等方式培养学生对阅读的兴趣，达到语文素养和人文素养的有机融合，使阅读活动更有意义。

**关键词**：陌生人；欺骗；上当；自我保护

一年级的学生，大多还无法明确分辨童话和现实生活的区别。离开幼儿园，进入小学全新的环境，他们眼里充满了好奇，他们稚气未脱，思想单纯，所看所想皆是如童话般美好的事物。虽然有些学生对小学生活还不能完全适应，但他们表现出来的热情远远高出了大人的预期。这种热情和单纯，让学生对一切都毫无戒备，因此，利用各种活动培养他们对陌生的人和危险的事的防范意识及自我保护意识非常有必要。而阅读活动，也是其中有效的方式之一。

## 一、确定阅读主题

一年级学生的阅读文本以童话故事为主。因为识字量有限，学生要进行自主阅读还是有点困难。《课标》提出对低学段孩子阅读的要求："低学段的孩子能喜欢阅读，感受阅读的乐趣；阅读浅近的童话、寓言、故事，对感兴趣的人物和时间有自己的感受和想法，并乐于与人交流。"由此可以看出，小学低段需要重点培养学生的阅读习惯，让他们能被有趣的故事情节所吸引。所以在选故事的时候，要关注其本身的趣味性。

对本班进行随机采访时，大多数学生只能说出陌生人就是不认识的人，但是无法把"陌生人"这个概念和自己的生活联系起来。有些学生不仅不排斥陌生人搭话，甚至在自己一个人无聊的时候，还会主动去找陌生人聊天玩耍。对于上当受骗，他们说得最多的就是妈妈曾经骗过自己，因为答应给自己买的玩具根本就没买。对于陌生人的欺骗，他们基本毫无感知，也说不出类似的经历。基于此，教师选择了童话故事《贪吃的大公鸡》来作为此次阅读活动的重点内容，突出主题"千万不要上当"。《贪吃的大公鸡》这篇童话故事主要讲的是一只爱吃虫子和谷子的大公鸡因为贪吃而被狡猾的狐狸连续欺骗两次，最终被狐狸骗走，让学生明白不要因为贪吃而轻易相信陌生人的道理。

虽然设计本课最初的目的是让学生建立对陌生人的防范意识，但这毕竟是一节阅读课，更多的要体现出知识要素和语文素养。所以本次教学设计需要尊重一年级学生的阅读习惯和接受能力，用故事呈现，结合生动的讲述和有趣的表演来激发他们的阅读兴趣，使本节课能兼顾人文要素和语文要素。

## 二、活动实施过程

活动主题设定后，教师需要做一些前置准备：让学生听故事，熟悉这个童话故事的内容；带领学生动手做狐狸和公鸡头饰，吸引他们的兴趣，为这节课做好铺垫。

### （一）拼读识字造句

小学低段阅读活动的一个重要功能就是增加学生的识字量，而一年级的拼音练习也是非常重要的一环。所以哪怕是阅读课，拼读识字环节也不能少。课程一开始，教师先出示关于大公鸡的谜语："头戴大红帽，身披五彩衣。好像小闹钟，清早催人起。"通过这则谜语，让学生学会抓事物的主要特征：公鸡头上有红红的鸡冠，天不亮就打鸣催人起床，这些特点都是公鸡独有的。学生根据特征猜中谜底，很有成就感，立即就能被吸引进课堂。此时，教师板书跟公鸡有关的课题——《贪吃的大公鸡》。学生齐读课题后，教师趁热打铁，从课题中选择"公鸡"这两个生字让他们练习拼读，巩固拼音，随堂练习，加深印象。

学生拼读后，开始增加难度，教师组织大家进行"生字开花"小游戏，即用同一个字组不同的词，比一比看谁组得多。低学段的学生好胜心强，对比赛非常有兴趣，对有些字，一个小组甚至能组出十几个词。在此基础上，教师让他们选择一个词试着造句。在造句的时候，学生会自然联系生活实际，比如"公园"，学生会说："我周末想和爸爸妈妈一起去公园玩。"把生活中的事物运用到课堂中，再把课堂所学的知识与生活相结合，学习与生活相辅相成。

### （二）概述故事内容

对一年级的学生来说，比较难的就是概述。结合前置学习，在正式学习前让学生试着用一句话简单概括故事内容。此时需要教师给予引导，教会他们用

"谁""在哪里""发生了什么"这些要素来说。这个环节相对来说比较困难，教师需要多举例指引，争取使大多数同学能简单地说出来，并表述清楚自己想表达的内容。

练习过字、词、句后，学生的兴趣已经没有那么浓厚了。此时，为重新把他们带入生动的童话故事中，教师可以让他们想一想，故事里的大公鸡一共被骗了几次、如何被骗等。学生初步思考的过程就是对这个故事进行整体把握的过程。

（三）从读中感悟角色特点

在学生自由读故事的时候，教师需要告诉学生遇到不认识的字应该怎么做。学生经过一段时间的学习，已能通过读拼音的方式认识生字。如果拼读困难，也可以向同学和老师求助，不认识不熟悉的字多读几遍。通过自由读的环节，让学生再次练习拼音，增加识字量。初读之后，学生尝试分别用横线和波浪线勾画大公鸡和狐狸的动作及语言。这个环节主要是让学生学会分辨故事中的人物及其言行，能更深刻地把握住不同事物的特征，比如通过狐狸说的话感受到它的狡猾，通过大公鸡的自言自语了解它爱吃什么。学生完成自由读后，教师再组织学生齐读。此时，教师需要指导学生朗读的语气：读狐狸的话要突出其奸诈狡猾，读公鸡的话要表现出它对虫子的馋。《课标》要求低学段学生学习用普通话正确、流利、有感情地朗读课文；在阅读中体会句号、问号、感叹号所表达的不同语气。所以在这个环节中，让学生通过不同的语气体现狐狸和公鸡的不同性格，能帮助他们更好地理解故事内容。

（四）深入故事内容

学生把故事读熟之后，教师可以让他们思考一个问题：大公鸡不认识狐狸，为什么还要相信它的话？根据这个问题引出"陌生人"一词，向学生解释"陌生人"就是不认识、不了解的人，让他们结合实际说一说自己见过哪些陌生人。通过这个环节，让学生分清楚哪些人不可以轻易相信，明白不可以主动去找陌生人聊天玩耍，避免上当受骗。

学生们从童话中一下子被拉回现实，而且还是不美好的现实，心情难免有点低落。此时，可以设置情境小剧场环节，教师出演陌生人，一名学生配合演出，主题为：当陌生人用好玩的游戏和好吃的零食诱惑你的时候，你该怎么做。通过情境表演，学生的兴趣会再次被激发。当小演员打算跟陌生人走的时候，他们会非常着急，试图劝阻。表演结束后，让学生与同桌互相交流如果跟陌生人走可能会出现什么后果。

学生和同桌交流后，再读故事中大公鸡向山猫求救的句子。大公鸡的做法会让他们明白，如果遇到危险要大声呼救，或者根据实际情景想办法自救。

　　大公鸡第一次上当被成功解救了，学生们会松一口气。此时，教师趁机让他们想一想，如果自己是大公鸡，会怎么想、怎么做。让孩子们把自己当成故事中的人物，情感代入，更好地体会书中人物的心情和做法。

### （五）表演与读相结合

　　一年级的学生注意力不能长时间集中。当故事的前半段结束的时候，他们会感到有点疲惫。此时，让他们拿出自己亲手做的头饰戴上，扮演故事中的角色，在小组内表演。低段学生对此非常有兴趣，会自由分配角色，很快就能投入表演。在表演过程中，学生们又练习了一遍用正确的语气说台词，加深了对文本的理解。

　　在故事的第二部分开始之前，教师出示相关内容，让学生再次练习自由读。此时，教师指导他们读出狐狸对公鸡进行哄骗的语气，让他们更深刻地体会到狐狸的狡猾；读公鸡的心理活动时，要读出它的犹豫不决。同时，让他们圈出表示狐狸动作的词语，并试着演一演。学生们通过表演更好地理解了"扑"这个字的意思，借助动词想象狐狸的急切和凶恶。

　　教师在指导学生读完后，可以再次让他们戴上头饰演一演故事的后半部分。因为第二部分和第一部分内容大多是相同的，所以这次他们表演起来会更得心应手，台词也能说得更加熟练，语气更加贴近书中人物。通过反复表演和各种形式的读，学生对故事中人物的情感把握已经相当到位了。

　　第二次上当的大公鸡没能再次幸运地被救下来，学生会觉得非常失望。此时，教师需要引导他们思考一个问题：读了这个故事，你明白了什么呢？通过这个问题引出本次阅读的主题——"千万不要上当"。学生思考后和同桌交流自己有没有遇到过陌生人来搭话，当时是怎么做的，结果怎么样。通过交流，他们能意识到不能随便相信陌生人的话，更不能因为贪吃贪玩跟不熟悉的人走。至此，本次阅读课不仅主题明确，而且已经达到了预期效果。

　　在这节课的最后，教师利用板书让学生梳理故事内容，让他们再次感受狐狸的奸诈狡猾和公鸡因贪吃而上当。同时结合课堂之初的谜语，让学生巩固自己认识到的公鸡和狐狸的不同特性。

### （六）课后作业拓展

　　这个故事读完了，但阅读活动并没有结束。课后，教师需要给学生布置作业：回家把这个故事讲给大人听。《课标》要求低学段的学生能较完整地讲述小故事。这个环节可以锻炼学生的复述表达能力。

最后，让学生课后阅读同主题的绘本《我不上你的当》《我不会上当》《小心别上当》等。通过布置拓展阅读任务，让家长在陪孩子进行亲子阅读的过程中，注重加强对孩子的防受骗教育。家长结合故事来讲，比单纯地说教更易于让孩子接受，从而更好地达到教育目的。

### 三、教学反思及活动收获

阅读活动结束了，课前设置的教学目标也全部达到了。学生不仅阅读了生动的故事内容，学到了知识，更明白了这个世界上不仅有阳光，也有未知的危险；不能随便主动去找陌生人搭话玩耍，更不能跟着陌生人走；如果有不认识、不熟悉的人来找自己的时候，更要提高警惕，有防范意识；当不小心被骗后，能及时根据实际场景想办法自救。

这次阅读活动使人文要素和语文要素成功结合在一起，让学生感受阅读之美，帮助他们在成长的路上学会辨别童话和现实，这也是它本身的意义和价值所在。

**参考文献：**

[1] 中华人民共和国教育部. 义务教育语文课程标准（2011年版）[M]. 北京：北京师范大学出版社，2012.

（供稿：四川大学附属实验小学江安河分校　郭志敏）

## 浅议小学课外阅读评价方式

**摘　要**："评价就是引导。"阅读能力发展水平测试是学业评价的一项重要内容，也是语文教学评价中的难点。科学有效的课外阅读评价既能激发学生课外阅读的兴趣，又能提高学生的阅读能力。要确保学生课外阅读质量，就必须建立清晰的阅读评价指标体系。

**关键词**：阅读；评价；引导

阅读测试内容的确定、考评形式的选择、考评细则的制定、评价框架的建构、评价题库的建立、评价的实施对学生的阅读都会产生极其重要的影响。小学生课外阅读可以采取"口试评价＋等级评价""笔试评价＋分值评价""过程性评价＋终结性评价"等多元评价方式。

## 一、找准制约学生课外阅读的瓶颈，明确评价目标

阅读是学生搜集和处理信息、认识世界、获得审美体验的重要途径。一些教师在指导学生课外阅读时一味地鼓励学生阅读，而忽视对阅读进行有效评价，甚至评价学生的阅读情况仅用"你读得很认真""你了解得真多""你有很深的感悟"等简单的点评。对学生课外阅读测试内容的确定、测试材料的选择、评分标准的制定、评价的形式等仅凭经验，这样的阅读能力评价具有较大的主观性和随意性，易导致学生课外阅读流于形式。

如果阅读能力评价的科学性、客观性和评价结果的可信度与效度难以保证，那就达不到阅读的真正目的。究其原因，一是不少教师认为，只要让学生广泛阅读、自由阅读就行，如果再对学生的课外阅读进行评价，无疑是在增加师生的课业负担；二是部分教师不知如何对学生课外阅读情况实施评价；三是学校还没有形成可操作的课外阅读评价体系。这些都是制约学生课外阅读的"瓶颈"。要保证学生的课外阅读质量，就要明确评价目标，建立科学有效的阅读评价机制。

小学生课外阅读评价该如何开展呢？首先要明白评价的目标。《课标》第三部分实施建议中指出："语文课程评价的根本目的是促进学生学习，改善教师教学。语文课程评价应准确反映学生的学习水平和学习状况，全面落实语文课程目标。应充分发挥语文课程标准评价的多重功能，恰当运用多种评价方式，注重评价主体的多元与互动，突出语文课程评价的整体性和综合性。"要实现这一目标，必须寻求一种有效的课外阅读评价体系。

## 二、建构课外阅读评价体系，开展有效评价

在阅读推进的过程中，我们开展"口试评价与笔试评价""过程性评价与终结性评价""等级评价与分值评价""平时评价、期中评价与期末评价"相结合的多元评价形式，避免"以分数论高低"、只注重终结性评价的弊端，达到全面落实过程性、综合性评价之目的。

这种评价体系的创新点主要体现在：全员参与，简化考评程序；全程评价，分散考评时间；建立题库，降低出题难度；综合考评，树立学生的阅读信心。

（一）开展课外阅读"口试评价"，落实过程性评价

在平时，为了帮助学生实现从"趣读"到"智读"，及时发现学生在阅读中的成功之处，最大限度地满足学生的成就感，激励学生进行渐进式阅读，我们采取"口试评价+等级评价"的评价模式，评价等级为"优、良、及格、待及格"。"口试评价"主要在平时教学中进行，分散考评时间，实现全程评价，这样就避免了期末过于集中的考评，有效减轻了师生负担。

开展课外阅读"口试评价"，师生全员参加，这就要求简化考评程序。具体操作步骤及方法如下。

1. 考评前准备。

（1）制订考评方案和评价细则。

各年级要制订科学的、可行的、可操作的课外阅读评价方案和评价细则。依据《课标》中对不同学段的要求，按低、中、高年级制订评价细则，可用表格形式呈现，简单明了，见表一。

表一　课外阅读评分细则

| 年级 | 评分细则 ||||
|---|---|---|---|---|
| 低年级 | 优：有浓厚的阅读兴趣，有较好的阅读习惯，对感兴趣的人物和事件有自己的感受和想法，并乐于与人交流 | 良：有阅读兴趣，有较好的阅读习惯，有一定的阅读感受 | 及格：能阅读一些简单的课外读物 | 待及格：缺乏阅读兴趣，阅读有障碍 |
| 中年级 | 优：有浓厚的阅读兴趣，有良好的阅读习惯，能简要复述文章大意，乐于与他人交流自己的阅读感受 | 良：有较浓厚的阅读兴趣，有较好的阅读习惯，能了解文章大意 | 及格：能阅读一些课外读物，能了解文章大意 | 待及格：缺乏阅读兴趣，阅读困难 |
| 高年级 | 优：有浓厚的阅读兴趣，有良好的阅读习惯，阅读有一定速度，能了解文章梗概，体会作者的思想感情，初步领悟文章的基本表达方法，能简单描述自己印象最深的场景，说出自己的感受 | 良：有较浓厚的阅读兴趣，有较好的阅读习惯，能基本了解文章梗概，能大致体会作者的思想感情，能较简单地描述自己印象最深的场景，简单说出自己的感受 | 及格：能阅读一些课外读物，大致了解文章内容，能说出一些自己的感受 | 待及格：缺乏阅读兴趣，无法独立阅读课外读物 |

(2) 成立考评小组。

各年段考评小组一般就是各年段备课组，备课组组长担任考评小组组长，采取年段交叉互评的原则，一般为一二年级互评、三四年级互评、五六年级互评。

(3) 考评组出题。

由考评组组长组织成员提前一天出好考题，做好考题签。出题时要考虑各年级的学情，可以设立各年级考评题库，供出题时参考，降低出题难度。

以下是从各年级的课外阅读考评题库中随机抽取的考题。

一年级：请把你最近读的一个绘本故事介绍给大家。

二年级：请说说你在课外书中读到的一个最有趣的童话故事。

三年级：我们读过了《拔苗助长》这个寓言故事，请把你在课外阅读中读到的一个类似的寓言故事介绍给大家。

四年级：《爱的教育》中有许多感人的故事，请你给大家介绍一个吧。

五年级：《稻草人》是一本小学生非常喜欢的书，请你给大家介绍一下吧。

六年级：读了《鲁滨孙漂流记》，文中的哪句话让你印象深刻，请联系你的学习生活谈谈感受。

2. 考评实施。

第一步：学生按座号依次排队，在教室走廊或到指定的教室候考。

第二步：学生提前3分钟抽取考题签，做好考试准备。

第三步：学生考评。学生考评时，教师要认真倾听，并作简要点评。允许"待及格"的学生补考一次，以促其成功，树立自信心。这也是笔试评价无法替代的。

第四步：教师评定等级。教师根据学生考评情况，对照各学段《小学生课外阅读"口试评价"细则》，当场向学生亮出考评等级。

3. 成绩汇总。

考评组老师当场把学生考评等级记录在登记表上，考评组长再把各班级的成绩汇总，算出每个班及年段的及格率、优秀率。

4. 反思总结。

考评完后，教师要对自己班级学生的考评情况与年段考评情况作对比，找出差距，进行反思，提出改进意见；学生以文字的形式记录下来自己的考评过程及考评感受。教师通过反思为改进教学及教育管理工作提供依据。

（二）开展课外阅读"笔试评价"，落实分值评价

期末，我们采取"笔试评价＋分值评价"方式落实终结性评价，实现从"口试评价"注重激趣阅读测评过渡到"笔试评价"注重阅读能力测评，使口试的主观性评价与笔试的客观性评价得到较完美的融合。具体操作步骤及方法如下。

1. 建立课外阅读评价框架。

若要建立课外阅读评价框架，首先要把握学业质量评价的性质，深入解读《课标》，借鉴国内外研究成果，分析能力影响发展的因素，然后形成课外阅读评价框架。

课外阅读评价框架一般包括两部分内容：一部分是阅读情境和目的的测试，另一部分是核心能力的测试。无论是为获得文学体验的阅读、为获取信息的阅读，还是为完成任务的阅读，都要关注学生"整体感知、形成解释、联系自身、形成评价"的能力。

2. 课外阅读命题。

课外阅读命题既要关注测试目标，也要关注学生的既有经验水平。例如，客观题与主观题的题量比例要恰当、阅读材料的选择要适合学段特点、检测题目的难易度要适中、分值的安排要恰当、低段阅读短文与检测题目尽量安排在同一个页面。

具体命题的流程：命题人员集中选文—模拟测试题—学生阅读文章—学生做题—学生说出自己思考过程—命题人员整理分析问题。

课外阅读题型的选择，可依据"课外阅读测试框架"中的"整体感知、形成解释、联系自身、形成评价"四个方面进行命题 。

（1）阅读测试第一部分："整体感知"。

考查学生是否把文本看成一个整体，并对文本有一个较为全面的理解；考查其对文本主要内容和主题思想的整体把握能力。可以采取"给短文选择题目""给短文加一个题目""概括主要内容"等题型来考查学生。

（2）阅读测试第二部分："形成解释"。

考查学生对文本更进一步的深入思考，考查其把文章的前后信息联系起来理解的能力。可以采取"联系上下文说说文章重点词语的意思""联系文章的语境理解含义深刻的句子""追寻事情发生的原因"等题型考查学生。

（3）阅读测试第三部分："联系自身"。

在学生和文本之间建立联系，要求学生必须将文中的信息与自己的生活经

验相联系，考查学生的阅读认知和情感体验。可以采取"联系生活谈谈读完文章后的感受"等题型考查学生。

（4）阅读测试第四部分："形成评价"。

考查学生对文本进行批判性的衡量、对比的能力。可以通过让学生对"文本的语言及其结构要素""作者的写作目的""写作风格"等进行评价来考查。

3. 阅读评价案例。

（1）作业式驱动，助推"阅读进度"。

课外阅读测评难度在于课外无法监测学生阅读情况，平台"打卡"阅读解决了这一难题。教师要善于借助平台，以多样化的方式引导学生坚持阅读。如，采用回家作业"阅读打卡"的方式驱动学生进行课外阅读，并以"在线打卡"情况评定学生"阅读作业"完成度，让"每天登录""在线打卡"数据成为学生阅读能力提升的助推器。

例如，2018年10月，某教师推荐四年级某班学生阅读《爱的教育》，以四年级学生合宜的阅读速度每分钟300字计算，若每天阅读15分钟，全书5万余字可在10天内完成。教师布置作业：阅读打卡《爱的教育》不少于20页，思考主人公是怎样的人。教师从学生的"打卡"记录标识上监测学生作业完成情况。同时可以查询打卡记录，学生随时可了解同学的阅读进度，促进习惯养成。最初的打卡人数为21人，到2019年2月，学生打卡人数上升到39人。93%的学生都习惯了阅读打卡，一定时间后，学生已经形成了阅读打卡的良好习惯。

（2）课例式导读，扩展"阅读广度"。

阅读打卡数据显示学生"阅读能力"有弱化趋势，主要是学生对阅读文本的选择以个人喜好为主，拘泥于同一种题材，使得阅读范围狭窄，能力提升缓慢。因此，教师要善于根据学生"阅读能力"数据，适时引入书籍导读，或引入学生阅读体会分享，促成学生阅读习惯的优化与阅读能力的提升。

例如，某教师在执教了四年级上册"战争与和平"单元后，推荐阅读《战马》，让学生阅读后思考"为什么有战争呢？战争中战马与主人公乔伊团圆了吗？"这两个问题，以问题激发学生的阅读期待，助推其读完小说。同时，激励学生由这一本小说延伸至读"战争类"小说，拓展同类阅读，提升阅读能力。

4. 阅读评价反思。

"评价就是引导。"评价应本着客观、公正的原则，对主观题的评分一定要考虑到学生现有的阅读水平和发展态势，用发展的眼光来评价学生的阅读能力。无论采取"口试评价＋等级评价",还是"笔试评价＋分值评价",都应明晰确定测试内容、理性选择测试材料、合理设计评分标准和科学实施考评。植根于生活,为学生未来发展奠基的课外阅读评价才有其价值!只有当灵魂被唤醒,阅读才真正开始。

"评价就是激励。"巍巍书山,茫茫书海,初涉其中的学生们,需要有效的评价激励。建立多元评价体系,以评激趣,以评促读,让学生在快乐的阅读中发展自我、成就自我。

(供稿:四川省宜宾市人民路小学　叶　莉)

# 借助多元评价　助力共享阅读

**摘　要**:《课标》对各学段学生的阅读目标进行了量化,扩大学生的阅读量势在必行。评价是促进学生阅读的一种手段。通过实践,探索出"主体多元,共读共享""评比促读,习惯养成""活动展示,建立自信""阅读痕迹,记录成长"的多元评价方式,借助多元评价,以评促读,共读共享。

**关键词**:评价;阅读;激励

《课标》指出:"要重视培养学生广泛的阅读兴趣,扩大阅读面,增加阅读量,提高阅读品位。提倡少做题,多读书,好读书,读好书,读整本的书。"整个小学阶段,学生的课外阅读总量要达到145万字。如何才能满足课程标准的要求,使学生爱上阅读并持续阅读呢?笔者认为最有效的方法是多元评价,借助多元评价,以评促读,共读共享,从而实现真正意义的"生态教学"模式,最终达成让学生"愉悦阅读、自信交流、自由表达"的目标。下面结合笔者的教学实践谈谈如何借助多元评价,帮助小学低段学生进行共享阅读。

## 一、主体多元,共读共享

《课标》指出:应注意将教师的评价、学生的自我评价及学生之间的相互评价相结合,加强学生的自我评价和相互评价,还应让学生家长积极参与评价活动。

## （一）自读自评

学生自我评价的过程就是不断地修正完善自我的过程，鼓励学生进行自我评价能够提高学生的阅读积极性，能够促进学生进行自我反思。在平时的课外阅读中，笔者会给每一位学生发一张条形的卡片，上面设计有学生的姓名、阅读的书名、读完这本书后自己在阅读习惯和阅读能力方面取得的进步、阅读中自己还需要解决的问题等内容。当学生读完一本书后，填写卡片，进行自我评价，然后将卡片粘贴在教室内的课外阅读评比栏内，每一位学生一个专栏，除了和自己比，还和同学比。每学期期末，笔者会设计一份学生课外阅读自我评价单，其中包含阅读了多少本书、大概多少字、最喜欢的书及原因、阅读带来的好处等信息，让学生如实进行自我评价。学生在进行自我评价时，总结经验，学会反思。这种体验能激励他们更加深入地投入到阅读之中。

## （二）共读互评

共读互评，能促使学生自信交流、自由表达。定期开展的绘本共读活动是学生最期待的活动。在绘本阅读指导过程中，教师引导学生观察图画中人物的表情、动作、周围环境的变化等，让学生去猜测绘本主人公的心理活动，预测故事情节的发展。当然，学生是存在个体差异的，每个学生不同的生活经验，致使他们接受新知、感悟新知的能力有所不同，所以在学生进行交流时，教师要尊重学生的独特阅读体验，以激励性评价为主，利用积极的评价语言让学生始终保持对阅读的兴趣，引导学生做出正确的价值判断。而这样的共读，也给学生提供了更多与同伴进行随机交流的机会。在同伴的帮助与互评下，学生更能正确感悟绘本的主旨大意，既减轻了学习的焦虑情绪，又调动了共读共享的兴趣。这样的共读还促进了学生间的自信交流、自由表达。

## （三）教师激励

在教师评价、学生评价和家长评价中，学生最为关注的是教师评价，因此，教师在评价学生阅读情况时，一定要充分考虑学生的心理特点，既要考虑客观事实，又要尊重学生的个体差异和主观感受。除了前文中提到的共读活动中教师的激励性评价，笔者在学生的日常阅读积累中也有尝试对其进行激励性评价。相对于中高段的阅读记录摘抄，小学低段学生可用绘画日记的形式做阅读积累。当看到家长评价孩子"书写乱，不会使用标点符号，思路不清晰""语言组织能力还有待提高"时，笔者用激励性评价语言小心呵护学生，鼓励其多读多积累，帮助学生建立自信，保持阅读兴趣。当然，作为教师还是需要多方位、多角度、多层面且客观、公正地评价学生的课外阅读情况，当学生在阅读过程中存在不足时，也应提出建议和意见，以利于学生的长足发展。

（四）家长参与

初期的课外阅读，离不开家长的支持配合。学生的课外阅读大多在家里进行，因而家长的检查督促、参与评价至关重要。笔者给学生安排了共读书目《了不起的狐狸爸爸》，录制了微课导读视频，以激发学生的阅读兴趣。学生在阅读过程中，和家长一起共读共享共交流。在学生读完后，有准备好的相应试题，对学生的阅读效果进行检测，给合格的学生颁发奖状。对于本学期"快乐读书吧"中推荐阅读的书目，笔者还给学生拟定了阅读计划表，督促他们按计划完成阅读任务（这样的阅读计划表在中高段可以让学生自己拟定）。在阅读计划表上，设置一项家长评定栏，家长可根据孩子复述故事的情况，给孩子评定星级。因每个孩子的阅读、表达能力有差异，家长可以根据孩子自身情况拟定评价标准，以激发孩子阅读兴趣为出发点，对孩子进行星级评价。这样的评价方式给学生的阅读以充分的肯定和针对性的指导，让学生感悟到阅读是一件快乐的事情，是一件受人赏识的事情。当然，这对口语表达能力的提高也是有相当大的帮助的。一本书读完后，学生交还阅读计划表换取表扬信和下一本书的阅读计划。期末时，教师再在规定范围内出题组织开展"阅读知识竞赛"，进行评价鼓励。例如，在二年级下学期期末时，笔者根据本学期规定的阅读书目和自主阅读书目，进行了一次知识竞赛，题目涵盖书目、作者、人物特点、故事情节等内容。命题清晰合理，有客观题和主观题。全班学生参与后，对笔试成绩达到 85 分及以上者发奖状进行鼓励，令家长和老师感到欣慰的是绝大部分学生都能得到老师奖励，相信这与家长平时的参与、鼓励是分不开的。

## 二、评比促读，习惯养成

为了保证学生阅读时间，促进学生阅读习惯的养成，笔者在学生进入小学一年级起就长期开展"睡前阅读"打卡活动，要求学生每天在睡前阅读课外书籍半小时。怎样才能督促学生完成呢？笔者设置了以下奖励机制：坚持完成一周睡前阅读，获"阅读之星"卡片一张。集齐四张卡片后可换取"阅读之星"表扬信，到期末时，根据获得的表扬信数量换取"阅读之星"奖牌。到小学毕业时，根据奖牌数量赢取"阅读之星"奖杯。当学生获得"阅读之星"表扬信时，在班级展示栏里张贴其照片及阅读情况，比一比、赛一赛，以此带动更多学生参与。根据笔者所在班级每一学期的阅读打卡统计情况反馈：一年级上期，能坚持阅读打卡 100 天以上的学生有 47 人，占比 85.45%；一年级下期为 50 人，占比 90.9%；二年级上期为 96.36%；二年级下期为 94.54%。由此可以看出，这样的评比方式，能让学生始终保持一种阅读的动力，从而让课外阅读在时间上有了保障。学生在长期坚持的过程中，能够自己去探求、去感受读书的乐趣，产生强烈的读书欲望，最终让阅读成为一种习惯，成为生活中的一部分。

### 三、活动展示，建立自信

开展阅读主题活动进行展示激励也是评价体系中行之有效的方法之一。它能最大限度地激发学生的阅读成就感，从而建立起阅读自信。笔者所在班级每学期开展一次讲故事活动。将全班学生分成 7 个小组，小组内成员开展"图书漂流"活动实现图书的共享，定期在组内开展讲故事、读儿歌等活动，实现小组内评价，小组推荐优秀选手参加班级展示活动。

以传统节日为主题，如，在中秋佳节，开展"童心巧手 共享明月"亲子活动。在活动准备阶段，让学生在家长帮助下阅读与"中秋"有关的童谣、诗歌、文章等，再选定材料，分组排练。学生们展示了《静夜思》《月圆中国梦》《但愿人长久》《中秋》《春江花月夜》《皓月中秋吟》《月亮升起的地方》《天上宫阙》《爷爷为我打月饼》等节目，形式丰富多样，有朗诵、歌舞、独唱、相声、空灵鼓演奏等，连家长也跟着孩子们登上了舞台。

在世界阅读日还举行了"我和图书比高矮""阅读推荐会"等活动。学生在活动中享受乐趣，分享阅读收获，提升阅读能力，让主题活动成为共享阅读强有力的推手，也让学生在一次次活动中，变得更加自信。

### 四、阅读痕迹，记录成长

阅读需要长期积累，不可一蹴而就。《课标》中关于评价的建议提道：要恰当运用多种评价方式，尤其要关注形成性评价。关注学生在阅读过程中留下的痕迹，也就是关注学生的形成性评价，记录学生阅读成长过程显得尤为重要。

除了前文所提到的采用绘画日记等方式记录学生阅读痕迹外，还可以让学生制作主题阅读手抄报，通过评比，建立阅读自信；也可以让学生制作好书推荐卡，介绍这本书的内容、主要人物、精彩片段、读后感等。"阅读记录"的内容不拘一格，要求图文并茂，整洁美观，可读性强。学生的"阅读记录"采取同伴互赏、小组鉴赏、组际评赏、展板展示的形式供大家阅读。

笔者还要求每一位学生准备一个"阅读成长记录袋",记录自己的阅读成长过程。这样的成长记录袋可以是由自己设计的精美包装袋、文件袋,甚至是一个自己喜欢的大盒子,可以分年级分学期设置系列,将能反映自己阅读成长过程的资料收入其中。它们可以是自己的学期阅读计划表,读完每一本书做的绘画日记、阅读记录卡、图书推荐卡,学期末填写的"学生课外阅读自我评价单",在评比中获得的表扬信、卡片、奖状、奖牌,阅读活动过程中留下的一些照片等。以上资料都能客观、有效、正面地对学生的阅读情况做出全面评价。教师要定期提醒学生收集相关资料,并整理分类。收集资料的过程,学生收获的是满满的成就感,也能从一点一滴的积累中丰盈自己的精神世界,修养性情,形成良好的道德品质和健全的人格。记录阅读痕迹,对学生成长的助力是不言而喻的。

总之,利用多元评价,不仅能激发学生的阅读兴趣,帮助学生建立阅读自信,还能帮助学生形成良好的阅读习惯。激励学生在阅读中学会思考、学会分享,真正实现借助多元评价,助力共享阅读,最终达成让学生"愉悦阅读、自信交流、自由表达"的目标。

**参考文献**

[1] 中华人民共和国教育部. 义务教育语文课程标准(2011年版)[M]. 北京:北京师范大学出版社,2012.
[2] 徐秀琴. 借助多元评价 助力学生"悦"读[J]. 语文天地,2016(7):75.
[3] 范雪平. 多元评价促阅读[J]. 福建基础教育研究,2017(3):73-74.

(供稿:四川省筠连县胜利街小学 苏 冉)

# 第三章　共享阅读的创新之路

## 小学语文"假期共享阅读创新"之趣

**摘　要**：教师经常会责备学生没有养成良好的阅读习惯，强制阅读了，假期作业质量就不高。但是这个真的是他们的问题吗？在责怪他们之前，教师应该先问问自己是否根据学生的年龄特点、基于学科素养要求、结合他们的家庭实际制定了有效的共享阅读计划。作为教师，我们有责任去制定高效的阅读与假期作业计划，也有义务去引导他们更好地完成。

**关键词**：共享阅读；核心素养；作业实例

### 一、如何让共享阅读更有意义

让共享阅读蕴藏于假期作业之中。中国学生发展核心素养以培养"全面发展的人"为核心，然而，如何在假期也致力于让学生全面发展呢？合理科学地布置和指导假期作业，让基础文化课中的三个方面、六大素养以及十八个基本要点相互促进、互相补充，在不同情境中整体发挥作用。

### 二、科学的指导有助于成功

很多时候教师和家长都要责怪孩子不能主动、不能及时，更不能高效地完成假期作业。但这个真的是他们的问题吗？在责怪他们之前教师应该先问自己三个问题：

（1）教师在规划假期作业的时候是不是有效合理？
（2）学生在假期作业中遇到困惑，教师是否给予了他们指导？
（3）教师是否设置了强有力的检测措施？

有关统计表明，全世界 80% 以上的寒暑假作业都是中国学生写的。这个时候教师应该回顾历史，我国的著名教育家孔子每年都会带学生离开读书的地方出去游学，周游列国、增长见识、开阔视野。现代也有国内外学者精简作业内容，将课本与生活相结合，巧妙设计出更合理的假期作业；更是有许多教师利用线上教育得到了假期作业完成情况不错的反馈。

### 三、作业实例

（一）阅读改变学生：寒假语文背诵指导

假期作业在一定程度上是为了帮助学生在放松的同时巩固和拓展自己学到的知识，有计划地准备下一学期的学业功课，并且在充足的时间中提升自己的记忆技巧。但是大部分学生对待假期作业都是为了完成老师交予的任务。开学前一周基本上是学生展现各种快速完成作业技能的阶段，等到报到收作业时"国宝眼"比比皆是。教师和家长除了指责学生，还能做些什么呢？以2020年寒假作业为例。

1. 传统作业与检测。

开学教师进行背诵作业的抽查时会发现，学生只是简单机械地背诵了一连串的文字符号，并不能理解、体会文字背后的独特之美。为了达到考试目的，把一整篇文章人为地割裂，不仅破坏了学生对整篇文章的鉴赏，也大大破坏了原文作者的谋篇布局，而且无趣、毫无意义的文字符号也加重了学生的记忆负担。

2. 线上作业与检测。

根据教育心理学中关于小学生记忆发展的特点分析可知，有意识记的内容会随着年龄的增长而递增，遗忘的速度也是先快后慢、先多后少。学生在假期的背诵不仅仅训练了自己的记忆能力，也是在为新学期做好充分准备，让学习变得更轻松、更有效。

以下是我在假期线上指导学生复习背诵的思维导图（图一）。从整体阅读感知入手，不仅改变了学生以往的作业方式，更是改变了学生单一的思维习惯。以统编版小学语文教材六年级上册一单元为例，从课文出发，然后链接课文内相关的字、词、句、段、篇的阅读内容和方法。这样的方法更像是心理学上的思维发散。发散性思维不仅巩固了对旧知识的记忆，还在学生的学习中起到了意想不到的作用。因为他们的记忆不再碎片化，不再凌乱无序，而是从一个基点有意识地生发出无数个"枝丫"，从而让他们习得的知识变成有意识的识记。

在线上背诵指导基础上，我会单独给学生设计一张背诵检测单（表一）。每指导复习背诵一次，我都会增加部分新内容，然后请家长把好关。新增加的背诵内容一般在10分钟之内完成，这样家长和学生都很轻松。不仅旧知识得到巩固，新的基础知识也可提前预习，更关键的是学生的思维和记忆得到了锻炼。学生在阅读的同时也可以完成背诵任务，这不仅改变了学生的作业方式，更改变了学生的思维习惯。让阅读不仅仅单纯地停留在读，更多的是在他们心中生发无数阅读思维的"枝丫"，让阅读越来越轻松。

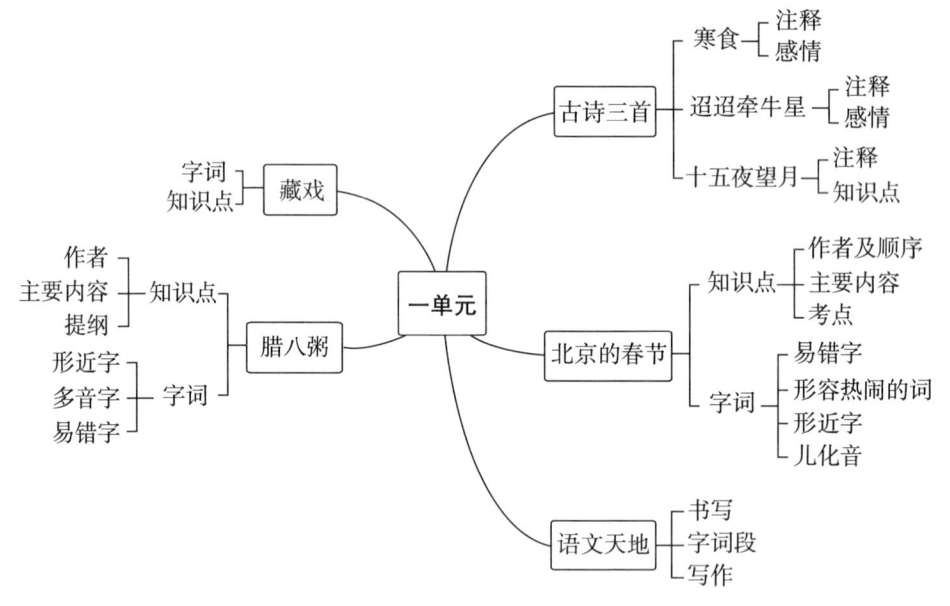

**图一 复习背诵思维导图**

**表一 背诵检测单**

| 题目 | 背诵情况 | 默写情况 | 家长签字 |
| --- | --- | --- | --- |
| 《早春呈水部张十三员外》 | 流利（　）<br>较流利（　） | 会默写（　）<br>不会写（　） | |
| 《塞下曲》 | 流利（　）<br>较流利（　） | 会默写（　）<br>不会写（　） | |
| 《蜂》 | 流利（　）<br>较流利（　） | 会默写（　）<br>不会写（　） | |
| 《学弈》 | 流利（　）<br>较流利（　） | 会默写（　）<br>不会写（　） | |

续表一

| 题目 | 背诵情况 | 默写情况 | 家长签字 |
| --- | --- | --- | --- |
| 《两小儿辩日》 | 流利　　（　　）<br>较流利（　　） | 会默写（　　）<br>不会写（　　） | |
| 《长歌行》 | 流利　　（　　）<br>较流利（　　） | 会默写（　　）<br>不会写（　　） | |
| 《天竺寺八月十五夜桂子》 | 流利　　（　　）<br>较流利（　　） | 会默写（　　）<br>不会写（　　） | |
| 《七步诗》 | 流利　　（　　）<br>较流利（　　） | 会默写（　　）<br>不会写（　　） | |
| 《芙蓉楼送辛渐》 | 流利　　（　　）<br>较流利（　　） | 会默写（　　）<br>不会写（　　） | |
| 《江畔独步寻花》 | 流利　　（　　）<br>较流利（　　） | 会默写（　　）<br>不会写（　　） | |
| 《石灰吟》 | 流利　　（　　）<br>较流利（　　） | 会默写（　　）<br>不会写（　　） | |
| 《竹石》 | 流利　　（　　）<br>较流利（　　） | 会默写（　　）<br>不会写（　　） | |
| 《闻官军收河南河北》 | 流利　　（　　）<br>较流利（　　） | 会默写（　　）<br>不会写（　　） | |
| 《约客》 | 流利　　（　　）<br>较流利（　　） | 会默写（　　）<br>不会写（　　） | |

（二）阅读改变教师：寒假语文阅读指导

《课标》在第三学段明确要求学生课外阅读总量不少于100万字，阅读对学生的重要性不言而喻。四年前刚接到新的班级时，我发现孩子们的阅读能力不一，没有办法要求学生统一阅读，所以开始尝试阅读分层作业指导。在这四年的每个假期大家都一起阅读，教师给不同的学生推荐不同的书籍。就如苏霍姆林斯基所说："在学校图书馆或者个人藏书里，教师应当有一批书籍，用来扩充学生在大纲教材方面的知识。"

1. 传统作业与检测。

传统的假期阅读作业要求开学时学生交一篇读后感或者是阅读小报。但他们真正读了多少书，无从查证；学生是否养成了良好的阅读习惯，也一无所知。简单的浏览和敷衍的完成，根本达不到阅读量和质的要求。

2. 线上作业与检测。

进行线上阅读指导时，我会给学生开读书分享会，让学生角色扮演，让他们当主播。兴趣是最好的老师，能充分调动他们的积极性。每个主播团队有4个人，一起在线上和同学们分享书籍和阅读感受，其他学生可以就他们的观点进行补充，也可以提出自己的立论对他们进行反驳。这样学生会主动地研究书，甚至会查找资料扩展阅读量。

回顾这四年，看一看学生的阅读量。我让一个学生统计了四年大概看了多少本书？她给我的回复是：大概97本书，平均每月2本书。《课标》要求阅读的《爱的教育》是12万字，以此为标准，一个学生一个月的阅读量是24万字，一学期的阅读量是144万字，一年的阅读量是288万字，四年的阅读量是1152万字。仅仅一学期的阅读量就达到了《课标》对学生第三学段的要求，更不要说四年来的海量阅读。这无疑对学生的学习有很大帮助，也能有效提升此学段学生的核心素养。

（三）阅读改变教育：寒假语文分层作业设计

我布置的假期作业包括两部分：一部分是必做作业，即背诵和阅读；另一部分是选做作业，会根据假期特点来安排，学生可以结合自己的能力和兴趣自由选择。以2020年寒假选做作业为例，其部分内容如下：

1. 采访5个不同的人，记录整理他们的新年愿望，简单写出自己的采访感受。
2. 与亲人一起观看春晚，并对节目进行评价。
3. 自编5条新年祝福短信，收集10副春联，自己用毛笔手写1副春联。
4. 研究"钱""年""福"字的起源和演变。

教师根据假期特点和学生年龄兴趣特点设计一部分选做作业，让学生在一定程度上实现自我提升。正如著名教育家维果茨基的最近发展区理论所述，给学生一些发展的空间，实现他们的"摘桃子效应"。在完成选做作业时，能帮助学生加大知识储备、培养协作能力、优化统筹思想。我想教师的作用在于启发引导，让学生自主选择感兴趣的学习行为，从而实现个人的发展。

（四）阅读改变素养：寒假语文生命教育

当代学生的素养怎样体现？1996年，国际21世纪教育委员会向联合国教科文组织提交的《教育——财富蕴藏其中》提出了四个"学会"，即"学会认知、学会做事、学会共处、学会生存"。其中很重要的一点就是社会责任感和同理心。《中国学生发展核心素养的自主发展和社会参与》中明确指出：学生应有珍爱生命、健全人格以及社会责任等要求。面对突如其来的新冠肺炎疫情，教师有义务更有责任做好学生的生命教育。

1. 在进行线上教育时，教师组织学生观看相关的视频，让学生做好居家隔离和防护措施。陶行知说过，生活就是最好的教育。在这个特殊时期教师可以抓住典型案例教会学生科学防疫和珍爱生命。生活素养来源于生活，它也让当代青少年有更多的责任担当，并充满对生命的敬畏。

2. 在抗击新冠肺炎疫情的一线出现了很多英雄，他们用行动给学生上了珍惜生命与感恩教育这重要的一课。回顾 2002 年"非典"，当时也曾让人措手不及、胆战心惊。时隔 18 年，仍然有一群可敬可爱的人用他们的一言一行践行着对社会的责任。病毒可能会伤害人民的身体，但是却伤害不了人与人之间的爱和责任。学生在人生中也会遇到种种挫折，那个时候又应该怎么办？

教师这时候合理地运用线上教育让学生不仅仅能学到简单的科学防疫知识，更能进行自我心理疏导，加强心理建设，学好生命教育这重要一课。

**四、假期阅读共享创新**

亚里士多德说过："总以某种固定方法行事，人便能养成习惯。"教师不局限于传统的作业布置和检查，而是站在以生为本的角度，用共享阅读的方法去思考假期作业的设计和检查就是这样一种好的习惯。

我们经常会提起要学生完成假期作业，更要学生提高作业的完成质量。这个看起来好像是老大难的问题，但是我们运用共享阅读的方式，从学生核心素养出发，设计科学有效的作业要求和检查方法，学生就会慢慢地养成习惯，提高作业质量，实现假期作业作用的最优化。

**参考文献：**

[1] 联合国教科文组织. 教育——财富蕴藏其中 [M]. 联合国教科文组织总部中文科, 译. 北京：教育科学出版社，2014.

（供稿：四川大学附属实验小学　钱梦姣）

# 信息技术环境下的小学低段绘本阅读教学路径

**摘　要**：在绘本阅读教学过程中，现代信息技术的有机渗透，可使静止的绘本视听化，化静为动，化枯燥为有趣，化无声为有声，让声、光、影、色、字融为一体，带给学生一个全新的感受，也正是因为信息技术和绘本对图、声、文的共性要求，从而使得两者相辅相成，突破了传统绘本阅读教学模式的局限，为小学低段绘本阅读教学插上灵动的翅膀。本文结合小学低段学生特点，借助信息技术手段，通过精美课件、动画、微课等方式让师生共享阅读快乐，获得心灵滋养。

**关键词**：信息技术；绘本阅读；教学策略

《课标》中指出："阅读是运用语言文字获取信息、认识世界、发展思维、获得审美体验的重要途径。阅读教学应引导学生钻研文本，在主动积极的思维和情感活动中，加深理解和体验，有所感悟和思考，受到情感熏陶，获得思想启迪，享受审美乐趣。"绘本，即传统的图画书。"一本图画书就至少包含三个故事：一个是文字讲述的故事，一个是图画暗含的故事，还有一个是文字与图画相结合产生的故事。"绘本作为一种重要的阅读资源，深受孩子们喜爱，其精美生动的画面、跌宕起伏的故事，让孩子们爱不释手。在国外，绘本被称为"孩子的第一本书"和"伴随一生的书"。绘本符合孩子的思维特点，能激发孩子阅读兴趣；绘本画面精美，富有内涵，能给孩子美的熏陶；绘本能激活孩子的想象，有利于孩子创造力的培养。因此，将信息技术引入绘本阅读课堂教学，可以化静为动，化枯燥为有趣，化无声为有声，让声、光、影、色、字融为一体，利用形象、生动、逼真、直观的方式激发学生的阅读兴趣，拓宽学生的阅读视野，提高学生的创作能力。

## 一、积极导入，激发求知的催化剂

好的绘本，每幅图都有丰富的内涵，图与图之间呈现独特的叙事关系，能预留给孩子想象的空间，能带给孩子美的熏陶和教育。利用集图、文、声、影于一身的现代化教学手段，将先进的现代信息技术运用到绘本阅读教学中，可以把大量直观、形象的绘本感性材料展现在学生的面前，把学生引入一个奇妙、多姿的绘本世界，能有效地抓住学生的注意力，激发学生的学习兴趣，使学生很快地进入要学习的内容中。

如在《神秘的大衣》的绘本阅读教学活动中，教师利用现代信息技术手段让故事的导入部分变得神秘起来，充分调动学生的好奇心。在教学开始时，根据绘本的封面，教师将胡默尔先生放置在电子白板画面的左下方，其他的地方都留着空白，学生很想知道胡默尔先生是谁、他有一件什么样的神奇大衣、他在干什么。白板上先出现了胡默尔先生身体的一部分，随着画面缓缓拉开，学生看到了胡默尔先生。瞧瞧他，一幅神秘兮兮的样子，胖得"无边无际"。接着，神奇的一幕发生了，他的领子里居然露出火烈鸟的长脖子、长颈鹿的脑袋、兔子的耳朵。蜥蜴从他的衣襟里探出身来。他的挎包里还装着两只怪模怪样的鹅。他如同鳄鱼一般起伏的背上，停着一只乌鸦。学生们纷纷猜测起来："胡默尔先生会变魔术？""这件大衣有魔法？""这是会变的魔法衣？"……学生们欢呼起来，他们太想知道屏幕后面到底藏着什么了。随着图片越来越高，越来越高，当一幅完整的画面展现在学生的面前时，他们情不自禁地发出了感叹："哇，好神奇呀！"电子白板拉幕功能将画面如此生动地展现在学生的面前，给他们带来一种强烈的视觉冲击。这种强烈的视觉冲击会将学生的好奇心和探究欲望充分调动起来。同时，故事中的大衣也显得越发神奇，使学生产生疑问："这位先生是谁？他的大衣里面到底是个什么世界呢？"既然无法掀开他的衣服，那就打开心爱的书本吧！学生继续阅读的兴趣和激情也就被点燃了。

## 二、直观"入境"，拉近生活和文本的距离

在绘本读物中有不少文章，或因时间、空间的限制，或因理解能力、想象能力的制约，学生无法深刻理解其内容。现代信息技术可以打破这些限制和制约，以直观、生动的方式，再现这些内容。"作者胸有境，入境始于亲。"把学生引入特定的教学环境中，他们才能真正体会到蕴含在作品中的深刻含义。

如在《爱心树》的绘本阅读教学活动中，教师利用信息技术，用动画的形式来展开话题。动画中，一颗鲜红的心在跳跃，一棵树藏在爱心中间，若隐若现。再配以舒缓的音乐，让学生展开讨论：孩子爱这棵树，他是怎样表达他对大树的爱意的？大树爱孩子吗？这本绘本最巧妙的地方，是作者把大树对孩子的爱藏在图画里，如果看得不仔细，往往容易忽视。教师把这段故事再回放一遍，请学生把目光投向大树，点击屏幕上的大树，出现文字，对照图上的文字，想想大树是怎样爱着孩子的。每一幅画面用一句简短的话来表达，学生边看边组织语言，对这段故事进行二次挖掘阐述。这样，学生对树与孩子的情感的体验就加深了。这种方式使故事的人文性与工具性得到很好的结合。由此看

来，合理地运用信息技术，可以使绘本阅读教学与语言训练、人文教学融合在一起，实现了绘本阅读教学的最大功用，达到了事半功倍的奇效。

### 三、有声有色，激情朗读的强化剂

利用现代信息技术，可以使绘本读物中无声的语言材料变成可感的声音，让读物中的人物形象和情感迅速渗透到学生心里去，从而使学生耳醉其声，心醉其情，激发其朗读愿望。如在《想吃苹果的鼠小弟》绘本阅读教学中，鼠小弟每一次模仿不同动物的动作是这个绘本的出彩点之一，它细微的表情变化和夸张的动作，无一不体现出它着急、想要用尽全力的心情。学生盯着画面上的鼠小弟，却看不清它的动作和表情，这时他们只会简单地对画面进行描述。"它在伸长脖子""它也想拉鼻子呢""它也想爬树"……这时教师播放微课，将鼠小弟动作和表情的细节放大以后，学生的表述开始变得不一样了，他们真正开始讨论起了故事情节。"我看到它脖子旁边弯弯的线。"教师不断以提问、反问的方式引导学生去观察、去思考。"这说明什么呀？""它的脖子好像在发抖。""为什么会发抖呢？""它的脖子太用力了！""它想学猴子一样爬树！""它的牙齿也咬得很紧。""我还看到树上有一条条的印子。"教师追问："这是哪来的印子？""是它爬树的印子，它爬上去又滑下来了。"

这样的你一言我一语的提问与回答的过程，不仅促进学生去表述，也让他们参与故事，越发体会到故事中鼠小弟那种急切地想要成功却又一次次失望的微妙情绪。在这一环节中，画面的关键部分，通过课件的有效运用，突出了重点和难点，帮助学生发现细节、发现惊喜、生动表述。之后学生带着这样的理解带感情朗读，效果自然会很好。

### 四、促使学生养成想说、敢说、乐说的习惯

新技术的运用，为教学提供了极大的辅助和便利。教师可以将绘本用实物投影设备直接展示在屏幕上，可以制作成幻灯片、动画等进行教学；可以利用画面来让学生想象故事情节，也可以通过文字来丰富故事的内容；还可以截取一个画面让学生来续写故事，补充故事的结局……

如《我家是动物园》的绘本阅读教学中，教师制作精美的PPT，展现了猴子、狮子、浣熊等的特征性画面，让学生在课堂中感受到人物形象的诙谐幽默，观察人物和动物，找出两者之间的相似点和关联点，培养学生的观察力和想象力。为了激发学生的兴趣，更好地让学生体会到自主阅读的快乐，教师利用超链接的方式，让学生自由选择最喜欢的家庭成员，学生学起来趣味盎然。

在观察妹妹茜茜爱偷听的那幅画面时，所有的学生都把目光聚焦在屏幕上，学生欣喜的神情、急于表达的热情、心无旁骛的状态，让我们体验到了绘本的魅力。教师赶紧提问："祥太说妹妹茜茜像小白兔，偷听别人说话，有一次……"此时，学生就像打开了话匣子，他们抓住了人物的动作、语言、外形的特点，争先恐后地开始扩编绘本。教师在这个时候再请他们围绕自己或同学的特点进行练笔写作，那就是水到渠成的事了。

借助信息技术，教师进行有效的引导，学生的讲述能力、认读能力、想象能力、思维能力都能得到自然的发展。此外，教师还可以让学生创编故事，自配插图，自己创作绘本。这又需要巧妙地应用信息技术。在学习一个新的绘本故事之后，教师可以让学生想象接下来还会发生什么故事，然后再配上插图，或利用电脑绘画，自己再续编一个完整的故事，最后将文字和图画配在一起，变成自创的图文并茂的绘本。随后，教师利用多媒体呈现每个学生的作品，让大家进行交流。这无疑又将绘本阅读教学推向一个更高的层次，让学生不仅能走进绘本，更能走出绘本，既培养了学生完整说故事的能力，又促进他们养成想说、敢说、乐说的习惯。

总之，现代信息技术运用于绘本阅读教学活动，让绘本中飞扬着的图画给予学生更加充分的想象空间，引导学生进入美丽的意境中，从而使绘本阅读教学更加生动，实现教师与学生共同的成长，为智慧课堂的打造开辟了一条新的道路。这是时代的需要，也是学生心灵成长的需要！

**参考文献：**

[1] 中华人民共和国教育部. 义务教育语文课程标准（2011年版）[M]. 北京：北京师范大学出版社，2012.
[2] 〔加〕培利·诺德曼. 阅读儿童文学的乐趣[M]. 台北：天卫文化图书股份有限公司，2009.

（供稿：四川大学附属实验小学　张　翼）

## 以阅读策略为抓手　统整群文教学
### ——统编版语文教材三年级上册群文阅读教学探究

**摘　要**：有效运用阅读策略，能更好地引导学生在阅读中感受、理解、欣赏和评价。受统编版语文教材专设阅读策略单元的启发，在统编版语文教材三年级上册的阅读教学实践中，关注单元导读，找准"统整"核心；深度解读各单元文本编排意义，厘清"统整"目标；立足学生本位，探寻"统整"策略，落实各单元语文要素，切实发挥阅读策略的作用。通过"阅读策略"这一抓手，实现阅读教学的最优化，从而提升小学生的语文素养。

**关键词**：阅读策略；统整；群文教学；统编版语文教材三年级上册

现在使用的统编版语文教材中的重大变化之一，就是专门设置了阅读策略单元，这顺应了《全民阅读"十三五"时期发展规划》中的要求：必须将保障和促进少年儿童阅读作为全民阅读工作的重点，从小培养阅读兴趣，阅读习惯，阅读能力。因为阅读策略是一种习得，是个体有目的、有意识、有计划的一种复杂学习活动。阅读策略强调的是指导学生通过阅读实践，达成对阅读方法的学习、理解、提炼，最终实现运用。教学中的阅读策略，是教师在指导学生阅读中，对阅读方法和概念进行讲解，逐渐内化成学生头脑中的思维方式和方法。阅读策略遵循了从模仿到发现再到独立选择和运用的思维发展特点。阅读策略的有效运用，能更好地引导学生去感受、理解、欣赏和评价，让阅读不仅有效而且高效，在培养小学生阅读能力的同时，也最大限度地提升了小学生的语文素养。

既然阅读策略能更好地帮助学生提升阅读能力，那我们是否可借助阅读策略来统筹群文教学？下面，我将以统编版语文教材三年级上册为例，分享自己以阅读策略为抓手，统整群文阅读的实践过程。

### 一、探寻——策略与阅读

（一）解读《课标》

《课标》明确要求：培养学生具有独立阅读的能力，使其学会运用多种阅读方法。再细读各学段要求，不难发现，《课标》中对一二年级的要求是：喜欢阅读，感受阅读的乐趣，学习正确流利有感情地朗读课文；要求三四年级学生初步学会默读，学习阅读，还能联系上下文理解词句意思，体会课文中关键词句表达情意的作用，并能积累课文中优美词句、精彩语段，以及在课外阅读和生活中获得的语言材料。

我们不难看出，根据不同学段学生阅读能力发展的规律，《课标》确定了针对不同学段学生的阅读教学目标：第一学段是让学生爱上阅读，强调阅读兴趣、阅读习惯的培养，让学生学会运用简单的阅读方法，这是阅读感悟的过程；而在中高年级阅读教学中，强调指导阅读方法，强化学生阅读习惯。明确的阅读要求，指向小学第二学段，要让学生学会阅读，必须采用合理的阅读策略来实现。

（二）契合学生阅读需求

通过阅读来学习，这是小学第二学段的核心关注点。小学第二学段也是阅读策略学习的关键时期。这一时期要扩展学生阅读的深度、广度，提升质量和数量。而传统的阅读教学，更多的是教师在课堂上把每篇文章讲透，教师讲、学生听，接受性的学习并没有让学生对文章形成深度的理解。由此呈现出来的弊端是：学生的阅读量较少，学生没有在大量的阅读实践中去练习阅读方法，没有阅读练习，是无法真正学会阅读策略的。

小学语文阅读教学应在让学生进行海量阅读的基础上关注学生怎么阅读，关注学生真实的阅读体验，从而实现学生对文本的深度理解，让学生爱上阅读，并能有效阅读。帮助学生在阅读中找到可实践的方法，丰富阅读的策略，他们才能提高阅读的速度与效率。这才是指导学生体验真正的阅读的有效路径。这样的阅读直接影响学生的阅读兴趣与阅读理解能力。

（三）延展统编教材容量

《课标》提出：在中高年级阅读教学中，要强调指导阅读方法，强化培养形成的阅读习惯。与《课标》对接，统编版教材为了更好地落实阅读指导，从三年级开始，就专门安排了独立的阅读策略单元：三年级上册是"预测"，四年级上册是"提问"，五年级上册是"提高阅读速度"，六年级上册是"目的性阅读"。

阅读策略作为一种学习策略，是个体为了提高学习的效率，有目的、有意识地采取的学习方法或是思维方式。把阅读策略放在教材中，就是让教师通过教学，帮助学生掌握阅读的概念、方法，再通过训练，让学生把这种外化的

"学得"，内化成为自然的"习得"。

统编版教材每一单元的"语文要素"明确，各单元内容横向联系紧密，板块之间有合力。那么，我们就可依据每一单元的"语文要素"挖掘出各单元文本中的阅读策略，提炼出可操作的阅读方法，实现文本拓展，更好地提升学生的阅读能力。

## 二、实践——抓手与统整

（一）关注单元导读，找准"统整"的核心

统编版教材内人文主题和语文要素双线交融。这是人文性与工具性和谐统一的直接体现。而三年级上册，又形成了精读、阅读、课外阅读三位一体的阅读体系。精读课文指导学生学习方法，略读课文引导学生运用方法，而"快乐读书吧"是课外阅读课程化的呈现，让课内学习的阅读方法能在课外阅读中实践。

以第六单元为例，该单元围绕人文主题"祖国河山"编排了多篇课文：有体现海岛风物的《富饶的西沙群岛》，有描绘南国美丽风光的《海滨小城》，还有展现北国四季迷人景色的《美丽的小兴安岭》。本单元的语文要素是"借助关键语句理解一段话的意思"。在本单元第一篇课文《富饶的西沙群岛》中，就以泡泡话框的形式提示了学生需要关注的关键语句；第二篇课文《海滨小城》的课后题则引导学生在段落中找出关键语句；接着，在"语文园地"中出现的交流平台，则起到让学生交流关键语句的作用。

通过解读单元导读，教师统整出本单元阅读教学核心——借助关键语句理解一段话，并把这一点确定为本单元的阅读策略，在教学中始终抓住"借助关键语句理解一段话"的阅读策略实施教学。这样，就把单篇文章学习，统整为单元文本学习，也为学生理清了本单元文本之间的关系。由此，设计了"认识关键句"的群文阅读课例。

**课例**：认识关键句

教学目标：

1. 阅读经典段落，明确关键句在段落中的位置及作用。
2. 通过练习，培养围绕关键句写几句话的能力。

教学设计：

1. 谈话引题——明确关键句。
2. 阅读句段——了解关键句。

（1）阅读三篇经典文段，明确关键句在段首及其作用。

(2) 阅读一篇文段，明确关键句在段尾及其作用。

(3) 阅读一篇经典段落，明确关键句在段中及其作用。

3. 书写句段——运用阅读策略。

(1) 看文段，写出这段话的关键句。

(2) 看秋天的图画，围绕关键句，写一段话。

（二）解读课文编排，厘清"统整"的目标

统编版语文教材每一单元内的课文之间都是相互关联的，形成了一个有机的整体，所以教师在教学时一定要从整体出发明确课文之间的关联是什么，整体把握好每一单元中的各项内容。特别是阅读策略单元，在编排类型上，该单元结构体例与阅读单元基本相似，但阅读策略单元指向的是运用，单元各板块之间有着递进性和发展性的内在联系。

以三年级上册第四单元"预测"为例，单元阅读策略要素是一边读一边预测，顺着故事情节去猜想，学习预测的一些基本方法。而三篇课文的导语、课后题，以及泡泡话框提示均呈现出不同的阅读任务，直指"预测"这一策略。这一单元是让学生学习、了解预测是根据一定线索有依据地猜，而不是胡乱猜。在《总也倒不了的老屋》旁边有相对应的旁批，每一个旁批都是在教学生预测的方法。而《胡萝卜先生的长胡子》的课后练习第2题"读读下面这些文章或书的题目，猜猜里面可能写了什么"，其实就是对《总也倒不了的老屋》中给予的预测方法的落地练习。教师在教学的过程中，必须建立整体意识，把这些点串联起来，正确理解、把握这一单元的编排意图，将每一条线索作为整体的体现来对待，树立整体的教学观，并且以学习预测策略为主要目标来组织单元内容，构建起学习预测到练习预测再到独立预测的渐进发展过程。基于此，我设计了课例"预测的秘密"。

**课例：预测的秘密**

教学目标：

1. 了解预测的方法，并在阅读中练习，形成阅读策略。

2. 通过边读边猜想，提升阅读能力。

教学设计：

1. 读课文，提炼预测策略。

(1) 阅读《总也倒不了的老屋》，关注预测策略。

(2) 总结提炼预测策略。

2. 读故事，运用预测策略完成《聪明的鸭子》故事预测。

3. 读儿歌，明了预测策略。

阅读要提升，预测很重要。细细读题目，仔细看插图。

找出结构来，分析人性格。结合旧经验，细品文内容。

六个预测点，一个不能少。掌握好预测，阅读兴趣高。

4. 用预测实现《巫婆与黑猫（节选）》故事续编。

小练笔：使用预测的方法想一想后面会发生怎样的故事，请续写《巫婆与黑猫》。

（三）立足学生本位，探寻"统整"方法

《课标》指出：阅读教学是学生、教师、教科书编者、文本之间对话的过程。真正的阅读教学是让学生面对文本，调动已有的知识积累、生活积累，通过积极的思维和情感活动，与文本、教师、同学进行多层次、多角度的阅读对话，由此实现对文本的理解，并在理解的基础上达成对作品的感悟和思考，进而受到情感的熏陶，获得审美的体验，形成知识的积累，深入感悟语言文字的魅力。

由此看来，阅读教学是学生积累和运用语言文字知识的过程，是立足于探究问题、解决问题的过程，更是培养思辨性、创造性、批判性等高阶思维的过程。这样的阅读教学要求教师立足学生本体，找准阅读策略，将多篇文章巧妙组合，以阅读策略为抓手，引导学生进行感悟、思考、辨析乃至深度品析，激发学生的阅读期待，培养学生的阅读习惯，提升学生的阅读思维。

由此，我以学生为本体，构建了以问题为中心，以全心研读、自然质疑的合作探究方式为主线的"1+X"的阅读课堂模式，下面以"三读法促学小古文——《司马光》教学设计"为课例，分享自己的教学过程。

### 课例：三读法促学小古文——《司马光》教学设计

教学目标：

1. 掌握小古文的阅读策略——三读法。

2. 运用小古文的阅读策略，开展迁移阅读。

教学设计：

1. 辨析古文与现代文的区别。

2. 三读小古文，明确小古文的阅读策略。

（1）一读课文，读准字音。

（2）二读课文，读准停顿。

(3) 三读课文，读明意思。

3. 实践小古文的阅读策略，进行拓展阅读。

(1) 补充文本《击瓮救友》《王戎不取道旁李》。

(2) 回顾小古文的阅读策略。

### 三、成效——变革与思考

(一) 变革传统课堂教学模式

语言的建构和运用是基础，思维的发展和提升是核心。这也是语文核心素养培育视域下的阅读策略教学实施的意义。统编版语文教材的语文要素承载着语文素养，是一个"大功率"的学习支持系统。研读每一单元的语文要素，我们就能依据不同的板块提炼出新的阅读策略，而提炼出的这些阅读策略能让阅读教学更聚焦，在更新教师阅读教学理念的同时，也让教师以阅读策略为抓手，建构起了活动化的群文阅读课堂，设计出了一系列有逻辑、有层次的阅读教学活动。

由于对每一单元的阅读策略的提炼都会形成一个新的学习任务，因此，在不断更新的学习任务的驱动下，学生对课文的理解就会步步深入。教师在不断探究中发掘出的阅读策略，也逐步形成了一个新的阅读策略单元的教学体系。这一切都将分散的文本进行了更为有效的组合。就整本书而言，教师根据阅读策略设计出的一个个任务，串联成一个个的教学活动，最大限度地提升了每个学生对阅读的参与度，也帮助学生从单点思维走向多点思维、关联思维，随后进入抽象拓展思维。这一过程既提升了学生的阅读兴趣，更为重要的是，阅读学习活动也有效地引导学生成长为真正的阅读者。

(二) 寻找阅读策略的原生地

阅读策略是一种学习策略，而学习策略是个体为了提高学习的效率或者效果，有目的有意识地进行的有关学习过程的复杂活动。阅读策略被设置在文本中，教师根据阅读任务来实施阅读策略，是教师理解文本后对学生的一次指导。学生获得的是教师指导的阅读方法和思维方式。这是学习所得，是"学得"。而"学得"的阅读策略来自教师依据教材、编者意图来实施的阅读教学活动，不是学生在阅读中自然产生的，也不是所有学生此时阅读所需要的，有一定的勉强性。因此，这样的阅读教学缺少了对学生个体阅读的指导。这样的阅读策略虽具有一定的普遍性，但是缺失了个体的差异性。

怎样利用阅读情景，让学生在与文本、编者、教师、同学更深入的对话中，自然而然地产生阅读期待，并由这种阅读期待，自然地在阅读过程探寻到切合自身需要的阅读策略，这将是我们探究的方向。

**参考文献：**

[1] 新华网．《全民阅读"十三五"时期发展规划》发布［EB/OL］．（2016－12－27）．http://www.xinhuanet.com/politics/2016－12/27/c_129421928.htm．

[2] 中华人民共和国教育部．义务教育语文课程标准（2011年版）［M］．北京：北京师范大学出版社，2012．

（供稿：四川大学附属实验小学　胡　宇）

## 《祖先的摇篮》教学中探索"1＋X"阅读教学组文策略

**摘　要：** "1＋X"阅读教学是"共享式阅读"的重要实施途径，它不仅能够开阔学生的认知视野，使学生习得阅读的方法，还能促使学生思维能力与语文阅读素养的提升。"由点及面，'纵、深'拓展编排；不拘一格，呈现多种文体；降低难度，循次而进布局"的"1＋X"阅读教学组文策略可以有效提高课堂阅读教学效率，同时通过组织学生共享式阅读群文还能有效提升学生的语文核心素养。

**关键词：** 小学低段；语文阅读；教学策略

我国西汉时期文学家刘向有句名言：书犹药也，善读之可以医愚。《课标》指出，义务教育阶段的语文课程，必须面向全体学生，使学生获得基本的语文素养。语文学科更以其独特的工具性和人文性理应承担起全面提高学生核心素养的重任。《课标》第三部分"实施建议"提道："要重视培养学生广泛的阅读兴趣，扩大阅读面，增加阅读量，提高阅读品位。提倡少做题，多读书，好读书，读好书，读整本的书。"由此看来，在小学语文学习中，阅读对学生来说是重点也是难点。阅读教学，在小学语文教学中有举足轻重的地位，而且具有综合性和开放性的特点。提高学生的阅读能力，培养符合《课标》要求的高素质学生群体已成为摆在我们面前的严峻问题。

统编版语文教材主编温儒敏教授在教材编排时将"快乐读书吧"编入了每

一册的教材,让学生接触各种文本类型,激发其阅读各种类型读物的兴趣,有意识地让学生掌握一些阅读方法。温儒敏教授发文指出新教材提倡"1+X"阅读方法,同时还提出了"1+X"的阅读教学模式,鼓励学生"海量阅读",鼓励读"闲书"、读一些"深"一点的书,可以"似懂非懂"地读,"连滚带爬"地读,以此致力于培养学生的阅读兴趣和习惯。

作为一线语文教师,单凭有限的课堂教学和单薄的语文教材并不能全面提高学生的语文核心素养。我们在教好学生教材的"1"之后,如何教学、编排好剩下的"X"?我在教学中不断地摸索、大胆地尝试,最后在"学生主体,教师主导"的教育理念指导下,有了以下组文策略。本文仅以统编版语文教材二年级下册课文《祖先的摇篮》一课为例进行简述。

## 一、由点及面,"纵、深"拓展编排

教材是导向,是一线语文教师把握教学方向和目标的基准。同时,教材也是媒介,是学生认知祖国灿烂文化的桥梁。但教师如果仅仅依照教材而教学,我们的语文将失去宽度、广度和深度,更别说中华五千年语言文字的厚度和温度。

学生是课堂的主体,教师应该充分地把课堂时间交给学生。以往的"1+X"阅读教学中,我常常以教材文本的同主题、同类型文本进行类文拓展,长此以往,单一类型的文本拓展,使学生的阅读兴趣大打折扣。这不利于学生阅读习惯以及兴趣的培养。到底读什么?教师应该充分发挥组织者的作用,对"1+X"中的"X"进行合理的编排、组织。

我认为,文本的选取可以不仅停留在相同主题、相同类型,还可以以教材文本为出发点,做"纵向、深度"的延伸。

(一)以时间为线索,纵向拓展阅读文本

《祖先的摇篮》一课以现代诗的形式对祖先在森林中的生活场景进行畅想,文本短小、精悍,具有画面美、音韵美。学生在阅读时没有太大的障碍,对于诗歌内容的把握也比较准确。由此,在设计《祖先的摇篮》一课的拓展阅读时,我将教材文本和拓展阅读文本做了时间上的勾连,实现了阅读文本以时间为线索的"纵向"延伸。

我大胆地将课文文本作为一个时间的节点——"古老的原始森林",以此为线索拓展了一篇介绍"现在的原始森林"的文本,还引导学生想象"未来森林"的模样。这样以同样的事物为主题,用拓展阅读的形式呈现该事物不同时期的不同状态。学生读起来津津有味，同时这也让学生初步学会用发展的眼光看待事物。这样的组文形式不仅保证了学生的阅读量，还进一步提高了学生的阅读兴趣。

（二）以话题为支点，深度拓展文本阅读

我以时间为线索选定了拓展文本的主题，选取了两篇文章作为教材文本内容"深度"的延伸。《祖先的摇篮》展现出原始森林的美好、生动、有趣；《痛心，地球的肺已经消失，亚马逊热带雨林如今已经面目全非！》中描绘森林被破坏，学生痛心、难过；在《NASA公布了这张照片，让全世界网友一起致敬中国！》中，学生感受到中国对保护森林做出的贡献，以及作为一个中国人的民族自豪感和作为地球公民的使命感。

这样围绕着同一个主题"原始森林"，进行多元的、多层次的深度拓展阅读，既有文本阅读量的积累，又有情感、价值观的体会。我想，这才是我们语文阅读教学中"1+X"真正的目标和方向。

## 二、不拘一格，呈现多种文体

在温儒敏教授提出的"'似懂非懂'地读，'连滚带爬'地读"阅读要求的引领下，作为课堂的组织者、引领者，教师在组文时应解放思想、打开思维，让学生以教材文本为原点，接触更多的文体，开阔眼界。在组织编排"X"的拓展阅读篇目时，教师可以大胆地选择形式多样的文本，不再拘泥于同类型的文本组合。教师可以让诗歌偶尔也与说明性文本结合，童话类型与一些新闻报道搭配。这样的组文方式符合学生的认知，也顺应当下这个信息爆炸社会的发展需求。

《祖先的摇篮》一课，是一篇立意深远的儿童诗歌，如果单纯地停留在以儿歌带动读儿歌的层面，学生在有限的时间接触其他体裁文本的机会将大打折扣，单调重复的文体也会折损学生的阅读兴趣。因此，在设计拓展阅读书目时，我选择了两篇新闻报道作为拓展阅读文本——《痛心，地球的肺已经消失，亚马逊热带雨林如今已经面目全非！》《NASA公布了这张照片，让全世界网友一起致敬中国！》，还将部分报道内容进行二次改写，把其中对于二年级学生来说较为生涩、难懂的文本内容转换为学生能理解的表述。同时，这两篇文章还具有共同的文体——新闻报道，内容也有着时间上、逻辑上的关系。这让学生接触到新闻报道类文体的同时，也学会关心身边事、国家事，树立民族自豪感、历史使命感。

再比如课堂结束时，我引入了"歌词"这种体裁的文本——《我们是地球的小主人》。这种体裁的文本和现代诗歌有着很多相似性，但更加注重音韵和对仗。类而不同的文体，学生阅读起来非常容易，同时也兼顾了各个层次学生的阅读需求。就这样，用不同体裁的文本进行组文拓展，学生的阅读量得到了保证，涉猎的范围也进一步扩大，真正意义上提高了学生的阅读质量。

### 三、降低难度，循次而进布局

阅读教学作为语文教学中极为重要的一部分，我们应将课内阅读与课外阅读有效地衔接在一起，把学生的实际生活与课堂教学相结合，实现学生阅读兴趣的提升、阅读方法的获得，以及阅读素养的提高。针对低段学生的学习现状，如何在海量的阅读任务下，降低难度，提高效率？作为课堂的组织者，教师可以打破传统模式，在课文教学结束后再将"X"文本一齐展示给学生，也可以将拓展文本分散穿插在课文的教学之中。

在设计《祖先的摇篮》一课时，我将符合学生当前认知水平的一首同类型诗歌《摇篮》直接安排在导入环节，契合本课主题的同时直接引出话题，让学生在琅琅书声中，感受儿歌的音律美、内容美。两篇有深度的新闻报道穿插在课文教学之中。因为此时学生读懂了课文，已经有了一定的认知体验，再引入拓展文本便水到渠成。借由两篇拓展文本，引领学生从课文中的梦幻世界回归现实，达成学生思维的延伸。课堂之末，教师播放吴城作词的一首歌——《我们是地球的小主人》来收尾，在欢快的节奏中向学生发出爱护环境的呼吁，也实现了学生情感、价值观的提升。拓展阅读这样适时适地地出现，每一次出现既是教材文本的适度延伸，也让学生思维发展、情感升华。这样的组合大大降低了学生集中阅读的难度，真正保护并激发了学生的阅读兴趣。

综上，"1+X"阅读教学不仅能够开阔学生的认知视野，使学生习得阅读的方法和策略，在促使学生思维能力提升与语文阅读素养提高等方面亦是收获满满。作为一线教师，我们在课堂教学时要大胆尝试，积极探索。"由点及面，'纵、深'拓展编排；不拘一格，呈现多种文体；降低难度，循次而进布局"的"1+X"组文策略可以解放学生个性，促使学生语文素养提升。这样的低段阅读教学组文策略，顺应了新时代对小学低段语文教学的要求以及期望。

**参考文献：**

[1] 中华人民共和国教育部. 义务教育语文课程标准（2011年版）[M]. 北京：北京师范大学出版社，2012.

[2]温儒敏. 如何用好"部编本"小学语文教材[J]. 小学语文，2017（增刊2）：25-31.

（供稿：四川大学附属实验小学江安河分校　兰　静）

# 基于《青蛙卖泥塘》主题式共享阅读教学初探

**摘　要**：语文课程是实践性课程，应着力培养学生的语文实践能力，而培养这种能力的主要途径也是语文实践。因此让学生多读多写，日积月累，在大量的语文实践中体会、把握运用语文的规律。12本小学语文教材，不足以支撑学生的阅读，要想训练学生的各种语文能力，就必须让学生多读。在课堂教学时，我们可以依据《课标》、单元导读、学生的实际情况，确定阅读主题，然后开展有效的共享式阅读，帮助学生在大量的语文实践中培养能力。

**关键词**：共享；阅读；课堂教学

　　语文课程致力于培养学生的语言文字运用能力，提升学生的综合素养，为学生学好其他课程打下基础；为学生形成正确的世界观、人生观、价值观，形成良好个性和健全人格打下基础；为学生的全面发展和终身发展打下基础。语文课程对继承和弘扬中华民族优秀文化传统和革命传统，增强国民民族文化认同感，增强民族凝聚力和创造力，具有不可替代的优势。语文课程的多重功能和奠基作用，决定了它在九年义务教育中的重要地位。

　　语文课程是实践性课程，应着力培养学生的语文实践能力，而培养这种能力的主要途径也是语文实践。因此要让学生多读多写，日积月累，在大量的语文实践中体会、把握运用语文的规律。12本小学语文教材，不足以支撑学生的阅读，要想训练学生的语文能力，就必须让学生多读。那么如何让学生多读、多训练呢？我觉得共享式阅读教学可以帮忙。下面以《青蛙卖泥塘》一课为例进行简述。

## 一、确定阅读主题

　　《课标》提到低段的学生能够阅读浅近的童话、寓言、故事，向往美好的情境，关心自然和生命，对感兴趣的人物和事件有自己的感受和想法，并乐于与人交流。统编版语文教材二年级下册第七单元的人文要素是"改变"，培养的是学生高效学习、健康生活的能力。它的语文要素是借助提示讲故事。

结合《课标》和本单元的阅读要素，我确定了《青蛙卖泥塘》这节课的阅读主题就是借助提示讲故事。

根据选定的阅读主题，再选择阅读书目。我选择了《想变强大的豪豪》《丑小鸭》《野天鹅》这三篇童话故事。《想变强大的豪豪》的主人公是一只羊，名叫豪豪。它想变强大，还想变成狮子。它的朋友们听了，觉得努力锻炼身体和多多学习知识就可以变强大。可是，豪豪觉得这样太麻烦。它以为自己戴上狮子模样的面具，就可以变强大。直到遇到了狼，它才知道真正的强大不是靠外在的改变。《丑小鸭》是一本含有童话和寓言双重性质的儿童文学作品。它写了一只小天鹅在鸭群中破壳后，因相貌怪异，遭鸭群鄙弃，经历千辛万苦、重重磨难之后长成白天鹅的故事。《野天鹅》讲述了一场善与恶的斗争，主人公艾丽莎是个柔弱的女子，但她却战胜了比她强大很多、有权有势的王后和主教，救出了被王后的魔法变成天鹅的11位哥哥。这三篇童话故事都浅显易懂，同时学生也很感兴趣。因此，本堂课就采用"1+3"的阅读模式展开。在让学生充分学习课文《青蛙卖泥塘》后，再开展围绕三篇课外阅读文本的自主学习与合作交流活动。

## 二、确定教学环节

统编版语文教材二年级下册第七单元的语文要素是借助提示讲故事。对于多数学生来说，讲故事不是一件很容易的事情。所以通过课前的阅读，让学生先读一读需要在课堂上讲的另外三篇童话故事，可以大大地节约课堂时间，那么我们就有更多的时间来指导他们如何借助提示讲故事。因此，在上课前，我就布置了前置学习任务，让学生用自己喜欢的方式，读准三篇童话的字音，读通句子。这是让学生在课前扫清字词障碍。

（一）复习旧知，温故知新

一二年级的语文学习重点是识字。经过一年级的学习，学生认识了很多生字。进入二年级以后，学习方法的指导占据更加重要的地位。《课标》中要求学生喜欢学习汉字，有主动识字的愿望。学生通过多种识字方法来识字，能够更好地为三年级开始的独立识字打好基础。

因此，开课时，教师指导学生读课题，说说课题的意思，复习本节课的生字词。通过第一课时的学习，学生借助多种识字方法进行识字。比如进行阶段性反思熟字儿歌学习"蛙"；运用形近字对比学习"卖"。通过课前复习，回顾旧知，可以看出上节课的学习效果还是很好的，学生基本能掌握本课的生字词。

### (二) 学习指导，朗读表演

二年级的学生喜欢表演，乐于表达自己，特别活泼。《课标》在第一学段的具体要求中这样提到："孩子们学会用普通话正确、流利、有感情地朗读课文。"我们常说培养学生的语文素养。其实最简单的、易操作的方法就是让学生大声朗读。同时大声朗读也是学好语文、提高语文成绩的一个好办法。学生把看到的内容大声地念出来，就不会走神，就会去关注自己朗读的内容，效果当然比默默看书要好太多。此外，大声朗读还能帮助学生形成良好的性格，改善一些心理问题，让大脑处于兴奋的状态，树立学生的自信心。

《青蛙卖泥塘》是一篇童话故事，角色众多。教学时，抓住角色语言，读出对话的语气，是朗读指导的重点。在统编版语文教材一年级下册《小壁虎借尾巴》一课的学习中，学生学过分角色运用动作表演的方法，在二年级上册《狐假虎威》中学过分角色做好表情表演的方法。那么在本节课中，可以迁移巩固之前学过的方法。

在课堂上我们可以这样做：

1. 教师创设情境，播放《小壁虎借尾巴》和《狐假虎威》的朗读表演片段，帮助学生巩固分角色表演的方法：做好动作、演好表情、记好语言。

2. 同桌合作，尝试分角色表演第三自然段和第五自然段青蛙与老牛的言行，然后教师指名上台表演。通过小组评价，强化分角色表演的三个要求。

3. 教师联系生活，借助语气词等，学生理解"吆喝"，演好青蛙。

4. 迁移学习，全文表演，学生分角色演好青蛙、老牛、野鸭。

**课堂实录片段**

师：谁来读一读青蛙说的话？

生：卖泥塘喽，卖泥塘！

师：这位同学读得正确流利。你去过菜市场吗？有没有听过市场上的叔叔阿姨是怎么叫卖的呢？

生联系生活想一想：大声喊，大声吼。

师：那请你来读读青蛙的话。

生：卖泥塘喽，卖泥塘！（大声读）

师：你很会联系生活，声音洪亮，这就是"吆喝"。同时，我们还要关注这句话后面的标点符号"！"。

生声音洪亮，延长，读青蛙的话。

师：要想演好文中的小动物，我们还可以加上动作，请一位同学加上手势再来读一读。

师：青蛙的叫卖声吸引到了谁呢？

生：老牛。

师：老牛怎么说的？

生：这个水坑坑嘛，在里面打打滚挺舒服。不过，要是周围有些草就更好了。

师：老牛年龄大了，谁再来读一读。

生读。

师：你慢悠悠的读声仿佛让我看到一头老牛在说话。

师：现在男女生对读，可以加上手势。

经过这样详细的教学后，教师再放手让学生在小组内练习如何读好青蛙与其他小动物的对话。

最后，教师借助思维导图，帮助学生提取信息，梳理课文。学生在小组内，简单讲讲故事。校对之后，结合思维导图，全班交流汇报，讲故事。通过"搭建支架，扶着走"的方式，学生能够更好地完成思维导图，再借助思维导图进行故事的复述。

（三）深入理解，续编故事

读故事，我们除了需要了解故事的内容、梗概，也需要了解人文方面的信息。通过之前的活动，学生已经很好地梳理了课文的内容，那么在这个环节，我们就需要指导学生去探索故事背后的内容。

**课堂实录片段**

师：这是一只怎样的青蛙？

生：青蛙耐心听取了别人的建议，一次次地对自己的泥塘进行了改变。没想到泥塘变得越来越美了，最后青蛙反倒舍不得卖了。

师还可以进一步拓展：后来有小动物来看泥塘，你觉得青蛙和他们之间又会发生怎样的故事呢？请展开想象，续编语言故事《新青蛙卖泥塘》。

由于学生能够理解这是一只耐心听取别人意见的青蛙，因此学生编出来的故事能够体现青蛙的这一特点。另外，学生也能够从形式上，来仿照课文进行续编。编故事的过程，其实也是一种语文实践的过程，也有助于发展学生的思维能力。

（四）拓展阅读

本单元的语文要素是借助提示讲故事，除了要求学生能讲好课文内容外，也希望学生能运用这样的方法，讲好课外读物的内容。因此，我在课前列出三个文本——《想变强大的豪豪》《丑小鸭》《野天鹅》，请学生根据自己的爱好，选择其中一篇来读。

1. 教师出示阅读提示：依托文本，自读童话，提炼主要人物，并用一个或者两个词概括主要事件。这个环节有人可能会觉得比较难。为什么呢？因为提炼主要人物和主要事件是三年级才开始的，现在让二年级的学生来做，可能会有点早。其实不然，二年级下期已经在向三年级过渡了，而且我们选取的这三个童话并不难，所以学生能够在小组合作中轻松地完成。

2. 全班交流汇报，结合自己的提示语，讲一讲自己读的童话故事。

3. 师生点评。

### 三、做好教学反思

无论是何种情况，都应做好课后反思。在课堂上绘制思维导图，根据思维导图的提示讲故事，对于学生来说，都很轻松。但是到了自主阅读与独自提炼提示语时，学生就遇到了大困难。只有极少数学生能抓准主要人物，绝大多数学生就是把所有的人物都写下来，写一大行。这个时候，怎么办呢？我们就要告诉学生一些抓主要人物的方法，比如谁出现的次数最多，谁说的话最多等。另外，在抓主要事件时，学生基本上不能用简单的词语来进行概括。那么这个时候可以让他们画简笔画或者用他们自己喜欢的方式来进行概括，用自己的提示来帮助自己讲好故事。提炼词语，这对于他们来说有点难，拔高了学习要求。因此，在今后的教学中，特别是学生自主学习时，更多的还是要给学生学习的"支架"，不要因为是课外阅读就完全放手了。

通过上面的例子，不难看出，在"借助提示讲故事"这个主题式共享阅读中，我们不仅完成了《青蛙卖泥塘》的学习，同时在课前扫清了字音障碍，课中再共读三篇童话，以此来提升"借助提示讲故事"这个语文素养。相信学生在这样周而复始的语文实践中，一定能大大提升自己的语文能力。

**参考文献：**

[1] 中华人民共和国教育部. 义务教育语文课程标准（2011年版）[M]. 北京：北京师范大学出版社，2012.

（供稿：四川大学附属实验小学江安河分校　陈春鸿）

# 笃行篇

笃行篇按照低、中、高段呈现了小学课堂典型的共享阅读教学设计。每篇教学设计均有确定的阅读主题，由适用年级、阅读要素、情智要素、教学环节、板书设计和教学反思几个板块组成。

共享阅读教学设计立足不同学段学生的认知发展水平，根据课程标准科学合理地确定共享阅读的主题，选取合适的人文要素和阅读要素，以学生为主体，不断改良阅读环境，切合当下和未来生活的发展需要，将生活、生命、使命与教育教学融合，优化现有的阅读教学方式，构建一种"共享式阅读"教学模式，实现真正意义的"生态教学"，体现共享阅读情智要素的多维性、活动的平等性、交流的自由性、环境的开放性、表达的真实性、评价的多元性，最终达成小学生"愉悦阅读、自信交流、自由表达"的目标。

# 第一章　低段绘本悦读

绘本以其丰富多彩的画面和简洁明了的语言受到儿童的广泛喜爱，是"上帝送给孩子最好的礼物"。作为一种重要的阅读资源，绘本具有图文共生、双向并行、共创故事的特点。

绘本悦读在小学阶段尤其是低段具有重大意义。小学生的思维尤其是低段小学生的思维是具体形象思维。图文并茂的读物，情境式的教学方式，有助于激发他们的学习兴趣，让学生在生动形象的画面中、在活泼轻松的氛围中得到知识与精神的双重滋养。

绘本悦读是一种独立于语文、道德与法治、音乐、美术等学科的课型，是绘本阅读与国家基础课程、校本课程等的融合统整，强调让学生愉悦地阅读。绘本的范围也不仅限于课外的读本，图文并茂的低段教材也是绘本悦读的重要载体。绘本悦读对于学生智慧开启、习惯培养、心理治疗、美学鉴赏、亲情感受、素养涵养、人际交流、文学创作等具有明显的积极效果。

一花一世界，一课一主题，走进低段绘本悦读课程，让我们一起来感受春天的美好，品读诗歌之美，呵护心灵，与爱拥抱吧！

## 阅读主题：仔细找，完整说

——《动物王国开大会》《三个好朋友》绘本阅读整合课

【适用年级】

一年级（下）

【阅读要素】

一、人文要素

帮助学生树立初步的责任意识，知道要为自己和集体的事情负责；帮助学生养成良好的学习及生活习惯，在思考问题及交际表达上，做到信息全面、内容完整。

二、语文要素

引导学生抓住故事情节反复的特点，并结合插图读懂故事内容，提取主要信息；帮助学生在角色体验中读好对话，综合已知信息做简单推断，建立起信息完整性的意识，同时培养初步的逻辑思维能力。

【情智要素】

一、情境与知识

让学生借助图画、生活等情境，运用看图、字理、组词、部首归类等识字法，识记13个生字，了解"牛字旁"；在笔画、结构关联中，正确书写生字。

二、情趣与智能

引导学生借助图画，抓住故事情节反复的特点，在听读、自读、合作读中，正确、通顺地朗读长课文，并在角色体验中读好对话；在阅读中提取、比对信息，初步了解"通知"的要点，并依据信息对情节发展做简单推断、补充。

三、情志与智慧

在阅读、交际中，引导学生树立初步的责任意识，养成良好的学习及生活习惯，让学生能做到通知事情时，把重要的内容说清楚、说完整。

【教学环节】

一、前置学习

[设计意图]《动物王国开大会》图文交互，主次角色皆形象鲜明，描述的故事生动有趣且具有情节反复的特点，能激发一年级学生浓厚的阅读兴趣。但同时，它也是学生所遇到的第一篇文字较多的长课文。让学生先自行朗读课文，教师通过微信免费小程序精准收集有关学生朗读情况的数据，能为"找准学情起点""依学而教"提供充分依据。

（一）阅读书目

1. 统编小学语文教材一年级下册第七单元第17课《动物王国开大会》。
2. 童话故事《三个好朋友》。

（二）资料采集

1. 教师通过微信免费小程序发布《动物王国开大会》朗读任务，收集、分析数据，准确掌握学生读错、读不好的字词句情况。
2. 教师制作课件、字词句贴卡、角色图片、阅读单等。

二、教学设计

（一）建构情境，快乐入题

[设计意图] 低年段的阅读活动能有效地促进学生独立识字能力的发展。整体识记，是阅读活动中重要的识字策略之一。整体识记需要建构情境、语境，要做到"字不离词、词不离句"，还需要与学生的生活链接，与学生的旧知关联，才能使其经历有建构意义的学习过程。

1. 走进森林，整体识记"物"字及偏旁"牜"。

（1）出示森林情景图，让学生想想"森林里有什么"，引导学生说出、读准带"物"的词串。

（2）带领学生观察"物"的左边部件"牜"，与"牛"字对比，认识新偏旁。

2. 自然入题，读好课题。

[阶段性反思] 学生在意义关联中积累了"动物、植物、实物、景物"这

一词串，当然也整体认识了"物"字。

（二）初读故事，初识通知

[设计意图] 从"听读"短文本提取明显信息做判断，到"自主、合作朗读"长文本尝试综合信息做推断，活动设计科学、合理，使学生的认知水平、能力发展步步进阶，也让学生在充分的听、说、读、画、思活动中，了解"通知"的要点，体会角色的心理。

1. 听、读故事"第一部分"（1~6自然段），提取明显信息做判断。

（1）让学生边看视频边注意听故事，思考"开始时，动物王国的大会开起来了吗？"，然后用手势"√""×"来展示自己的判断。

（2）让学生读正确、读通顺第一部分，随文认识"注意"及带"辶"的字。

（3）让学生说清判断理由，理解第一则通知。

提问：认为"大会一开始就没开起来"的同学，你为什么这样判断呢？

（4）让学生初步想象、体会狗熊发布第一次通知时的心情，练读祈使句。

2. 自主、合作朗读故事7~18自然段，尝试整合信息做推断。

（1）让学生自由朗读7~18自然段，大致感知内容。

提问：到底要通知多少次，大会才开得起来呢？请学生自读7~18自然段，并试着勾画出每次通知内容，读完后同桌相互交流。

（2）提取、比对信息，初步了解"通知"要点。

请一组学生（同桌两人）上台，边读边贴通知内容，帮助大家弄清楚"为什么要通知那么多次"。

3. 回归整体，以图统文。

教师边简述故事主要内容边补贴动物图片，再次强调通知要点。

[阶段性反思] 在结构化的活动中，学生提取、比对了前3次通知内容，形象而直观，更易于主动探究、自主发现口头通知的要点并成功推断出第4次通知内容，还能从自身认知出发，切身体会到主角狗熊发布第4次通知时的"自信心与号召力"，这样，学生也就自然而然地读好了祈使句的语气。

（三）拓展通知，落实识写

[设计意图] 学生阅读紧密联系学习生活的通知（系教师原创），不仅强化了对通知要点的记忆，而且有效加强了生字、新词的认读、书写。这使学生在阅读、识字、书写、思考、表达等方面整体推进、全面发展。

1. 链接生活，学会读"通知"，有效巩固对生字、新词的记忆。

学校发出一则通知，请学生进行同桌合作读，要读准字词，再说一说读到了哪些重要的信息。

> **通知**
>
> 　　请注意啦！明天上午 9 点，在学校的"百花厅"，将排练"变脸"节目，请相关同学带好表演物品，准时参加！
>
> 少先队大队部<br>×年×月×日

2. 学写"点、西、要、舌"。

（1）整体出示点、西、要、舌四个字，让学生对比观察，把握结构及共同笔画。

（2）详细指导学生写"点"字，教师示范写，学生书空后练写字、词。

（提示："点"，上长、窄，下短、宽；第一笔"竖"在竖中线；中间"口"字扁小且"横折"起笔在中线；下面"四点底"的四个点间距均匀，第一点往左边，后三点往右边，首尾点大，中间点小。）

（3）由扶到放，学生书写"要、西、舌"。

（提示："要"上短、扁；"西"字变两竖，下长、宽，长横举上盖下。）

（4）展评提升。

[阶段性反思] 在结构及笔画关联的书写活动中，整体出示带有相同特点的汉字，易于学生对比观察，易于学生发现书写规律，从而达到"一字带一串，一串带一类"的教学效益，切实培养起学生初步的独立书写的能力。

### 三、拓展阅读，迁移运用

[设计意图]"根据文本信息进行简单推断"这一语文要素落实后，还需要通过"课内外一体化"的阅读测评活动来强化巩固、迁移运用。课外阅读文本《三个好朋友》与教材文本结构相似，都具有情节反复的文质特点，为学生学习提取信息并综合已知信息做推断，提供了很好的素材，也为学生"学以致用"提供了充足的实践空间。

（一）阅读推荐

童话故事《三个好朋友》。

（二）阅读要求

1. 自读童话故事《三个好朋友》，简单交流主要内容。
2. 独立思考并完成练习题。
3. 选取"小老师"讲解答题思路及方法。

[阶段性反思] 课外阅读文本生动有趣、浅显易读；课后测评题不仅符合一年级学生的心理特点及认知规律，而且具有较高的效度、信度，全面、真实地反馈了学生的学习效果——99%的学生已经学会了"根据文本信息进行简单推断"。

【板书设计】

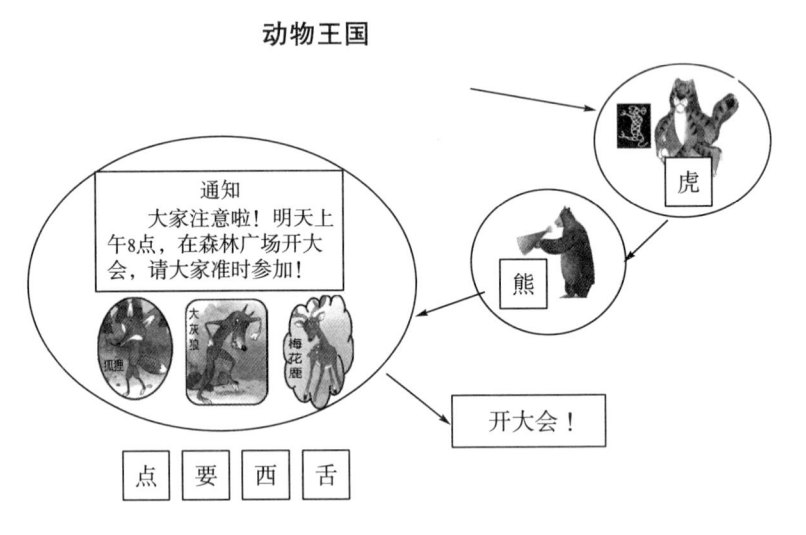

动物王国

点　要　西　舌

【教学反思】

### 一、以生为本，以学代教，结构化活动提升效益

教师设计并开展"结构化活动"，能够最大限度地保证学生学习实践的时间及空间，能够让学生在听、说、读、写、思的融合推进中，去充分地自主思考、合作探究、自主运用，遵循从学到用、由此及彼、举一反三的发展规律。以学生的"学"来代替教师的"教"，让课堂真正"以生为本"，真正保障学生的主体地位。

例如，借助"词串"，学生不仅识记了"物"字及新偏旁"牜"，还积累了丰富的词汇；又如，借助"字串"，通过细致的观察分析，学生掌握了同类字的书写规律；再如，将几次通知内容集中呈现、比对分析，学生易于探究、发现通知的要点。

## 二、聚焦要素，以点带面，用核心问题统摄全文

核心问题注重对文本整体的统摄，引发学生对语言文字的理解、品读、交流、分享；强调整体性思维的培养，引导学生在朗读、积累、表达、运用中层层深入地思考，经历有意义建构的学习过程。

统摄本文的核心问题是"为什么狗熊要通知那么多次，大会才能开起来？"。这一核心问题能高度统整"根据文本信息进行简单推断""读好疑问句和祈使句的语气"两个语文要素，并精准指向了"了解通知要点""据已读情节做推断、补充""分角色朗读课文"三个重点目标，既能与学生语言经验和思维水平密切关联，也能激发和推动学生进行主动积极的阅读、思考、表达、交流。

（供稿：成都市武侯区教育科学发展研究院　门雨红）

## 阅读主题：呵护心灵，与爱拥抱
### ——《我有点儿怕》绘本阅读

【适用年级】

一年级（下）

【阅读要素】

一、人文要素

帮助学生建立对生命与自我、生命与自然、生命与社会和谐关系的认知，学会关心自我、关心他人、关心自然、关心社会；培养学生积极的人生态度和健全的人格，提高其自我生存和自我保护的能力。

二、语文要素

尊重一年级学生思维发展的特点和阅读习惯，用精彩的故事、案例、情节来承载，并以图文并茂的形式呈现，增强阅读材料的可读性和趣味性。

【情智要素】

一、情境与知识

通过看图猜一猜、说一说，游戏做一做、比一比等方式引导学生正确认识"害怕"的情绪。通过视频介绍、现场示范的方式指导学生学习使用简单而有效的方法调节害怕情绪，学会自我呵护心灵的"蝴蝶拍"减压小技巧。

二、情趣与智能

引导学生采用自主看图、写画"害怕情绪"，体会怎样调节害怕情绪。根据教材内容创设适当情境，设计活动，师生共同参与，对学生施加积极影响。学生合作讨论，认识到害怕情绪的产生是正常的，知道主动调节害怕情绪及调节的具体方法。

三、情志与智慧

通过游戏活动和讨论交流，使学生愿意想办法解决学习与生活中遇到的问题，体会到"战胜害怕，我能行！"的快乐，有勇气尝试富于挑战性的活动。

**【教学环节】**

**一、前置学习**

［设计意图］小学低段学生特别喜欢阅读图文并茂的绘本。通过组织学生阅读绘本，调查学生害怕什么，进行初步分类，有助于教师掌握学生的阅读水平和心理状态，更好地设计教学活动。

（一）阅读书目

1. 绘本《蝴蝶抱抱》。
2. 《生命·生态·安全》一年级下册《我有点儿怕》。

（二）资料采集

1. 课前观察、调查一年级学生害怕什么，进行初步分类。
2. 教学PPT，绘本阅读《蝴蝶抱抱》微课。
3. 人均一张白纸，学生准备彩色笔。

**二、教学设计**

（一）游戏激趣，问题引入

［设计意图］一年级的小学生具有具象思维，个性活泼，但是注意力容易分散。通过唱歌游戏活跃课堂气氛，放松学生情绪，让学生在讨论、体验熟悉的绘本故事时进入主题"我有点儿怕"。

1. 播放配乐动画《拍手歌》，让学生随着音乐齐唱《拍手歌》。
2. 提问：同学们今年的五一假期过得怎么样？（学生：快乐，可以出门游玩了。）
3. 接续提问：可是去年的春节大家也有这样的好心情吗？（学生：没有，很害怕病毒。）
4. 陈述：有一个叫安安的小朋友也曾经历了这一切，我们一起来听听她的故事吧。（播放微课《蝴蝶抱抱》绘本故事。）
5. 提问：安安在爸爸离开她时心情怎么样？（板书课题：我有点儿怕）

［阶段性反思］拍手唱歌集中了学生的注意力，从学生的生活经历引导学生开启情绪转折认识——从"快乐"到"有点儿怕"。学生课前自主阅读绘本

《蝴蝶抱抱》，课中教师以微课讲故事的形式导入，唤醒学生的阅读体验，自然切入主题，激发了学生的上课兴趣。

（二）心理聚焦，认知澄清

[设计意图]通过看图猜一猜、同桌说一说等方式引导学生认识到"害怕"这种情绪随时随地都可能出现，让学生知道"害怕"情绪的产生是很正常的。

1. （出示教材中的三幅图片并配乐）提问：仔细观察图片中的小朋友有点儿怕什么？抽学生汇报，鼓励学生将自己的见解表达出来，并做做这个表情和动作。（板书：怕一个人在家、怕天黑打雷、怕打针。）

2. 提问：同学们，你们害不害怕这些事情？指几名学生问：你怕不怕？你有什么好办法让自己不害怕，能说说吗？

3. 提问：谁来想个办法能让图中的小朋友也不害怕？你打针的时候是怎么做的？有你们的帮助，相信以后他们再也不会害怕了。

4. 总结：其实在现实生活中，我们都会有害怕的时候，都会遇到不同的困难。老师像你们这么大的时候，一到晚上就特别怕黑，一遇到打雷的天气就害怕得发抖。老师很想知道你们最害怕的是什么？为什么？你们可以悄悄地说给自己的同桌听一听，好吗？（板书：害怕）原来害怕这个东西随时随地都可能出现，"害怕"是很正常的情绪反应。（板书：很正常。）

[阶段性反思]观察图片、交流想法、换位思考等方式拉近了师生的距离，澄清了"害怕"是很正常的情绪，人人都有。

（三）心灵视窗，实践反思

[设计意图]通过听一听、议一议、画一画等方式引导学生个性化表达自己的害怕情绪，初步掌握疏导、克服害怕情绪的方法。让学生懂得学习和生活中遇到问题要想办法解决，初步养成积极动脑、自主解决难题的习惯。

1. 学生继续听微课绘本故事《蝴蝶抱抱》。提问：故事中的安安害怕什么？她是如何赶走害怕的？（答案：爸爸教会了她蝴蝶抱抱的游戏。）

2. 接续提问：当你害怕的时候你会怎么样？请学生把自己害怕的事物或害怕时候的情绪写出来或画出来。

3. 学生小组讨论"当你害怕时你会怎么办？"。抽学生汇报，梳理方法；指导学生阅读文字，引导学生认识到"害怕"人人都会有，是很正常的；鼓励学生正视该情绪，相信自己有能力战胜它。

4. 提问：小朋友们，你们愿意打败"害怕"小怪兽吗？展示课件，教给学生调节"害怕"情绪、战胜"害怕"小怪兽的妙招。(板书:画一画、写一写、抱一抱、拍一拍。)

妙招1:运用转化和暗示法。把"害怕"画成可笑的小动物,暗示自己比"害怕"更强大,不必害怕。

妙招2:倾诉自己的"害怕"情绪。把"害怕"告诉你最信任的人,他们会帮助你、陪伴你,你的"害怕"就会变少了。

妙招3:运用宣泄法。把"害怕"写在纸上,再把它揉成团、踩扁,扔进垃圾箱;或将写着"害怕"的纸叠成飞机飞走。告诉自己:"我把'害怕'踩扁了、扔掉了,我的害怕没有了!"

妙招4:运用验证法。在家人或者老师带领下实地看一看、试一试。

妙招5:运用"蝴蝶拍拍"心理减压小技巧。在音乐中体会自我关爱和互相关爱的美好体验。

[阶段性反思]学生阅读绘本,学习安安战胜"害怕"的方法,在多形式的阅读、表达中,体验战胜"害怕"的快乐,在轻松愉悦的氛围中学会反思。

(四)采访总结,行为改变

[设计意图]引导学生根据板书梳理战胜"害怕"小怪兽的方法。通过游戏活动和讨论交流,使学生愿意想办法解决学习与生活中遇到的问题,体验"战胜害怕,我能行!"的快乐,有勇气尝试富有挑战性的活动。

1. 通过今天的活动学生明白了有害怕的情绪很正常。当遇到困难、一个人在家、天黑打雷、打针时觉得害怕的话,要积极想办法战胜"害怕"小怪兽,用画一画、写一写、抱一抱、拍一拍等方式赶走"害怕"这个小怪物,心情就舒畅了。

2. 游戏:打怪兽。

游戏引入:小朋友们,你学会了哪种战胜"害怕"小怪兽的方法?你们愿意打败"害怕"小怪兽吗?请你来演示一下。(课件显示几种"害怕"的图片,抽学生上台点击后变成胜利的图标,表扬学生的勇敢!)

3. 学生拍手齐读儿歌。

有点害怕很正常,我有妙招战胜它。
害怕来了画一画,找人倾诉抱一抱。
踩扁怪物扔掉它,蝴蝶拍拍真舒畅。
战胜害怕,我能行!

4. 总结:把你今天学到的"打怪兽"的方法和家人分享,当你孤单害怕的时候别忘了"蝴蝶拍拍，与爱拥抱"，家人和伙伴遇到困难的时候要伸出你的双手，给他们爱的拥抱。（播放歌曲《拍手歌》。）

[阶段性反思] 结合板书总结战胜"害怕"的方法巩固了学生的认知，游戏"打怪兽"加强了学生对战胜"害怕"的快乐体验，拍手齐读儿歌既起到了总结与巩固的作用，又增强了学生战胜害怕的信心，实现了从"我有点儿怕"到"战胜害怕，我能行！"的心理改变。

### 三、拓展阅读

[设计意图] 课后推荐学生和家长一起阅读至少一本有关"害怕"的绘本。它能告诉学生谁都会经历这种感觉，无需害怕；它表达的内容，学生很容易理解，很容易产生共鸣；它能让学生变得更有勇气，克服恐惧；它能帮助学生确立自我感知及自信，不因为自己害怕的情绪体验而觉得难为情。

**阅读书目**

1. 绘本《我好害怕》。
2. 绘本《讨厌黑夜的席奶奶》。
3. 绘本《魔奇魔奇树》。
4. 绘本《我不会害怕》。

[阶段性反思] 拓展阅读采用亲子共享阅读的方式。借助绘本和家长的讲读，让学生进一步认识"人人都可能害怕"。共享阅读不仅能帮助学生变得更有勇气，还能融洽亲子关系。

【板书设计】

我有点儿怕

怕一个人在家、怕天黑打雷、怕打针……

↓ 很正常

画一画、写一写、抱一抱、拍一拍……

↓

战胜害怕，我能行！

【教学反思】

《课标》提出低段小学生阅读的要求："喜欢阅读，感受阅读的乐趣。借助读物中的图画阅读。阅读浅近的童话、寓言、故事，向往美好的情境，关心自然和生命，对感兴趣的人物和事件有自己的感受和想法，并乐于与人交流。"

一年级的学生由于年龄小、缺少生活经验，对"害怕"情绪的理解不完全正确，对"害怕"的主动调节能力较差，需要及时得到疏导。教师借力小学低段学生喜欢的绘本，在共享阅读中按照"问题引入—认知澄清—实践反思—行为改变"的设计思路，能引导学生正确认识害怕情绪、疏导害怕情绪、找到战胜害怕情绪的方法，从而获取学习生活的自信和快乐。

本课通过拍手游戏激发一年级学生对学习主题的兴趣，在绘本阅读、案例分析、问题讨论中引导学生认识到"害怕"是广泛存在的，是很正常的情绪。通过对绘本的讨论，引导学生在活动中找到战胜"害怕"小怪兽的好方法，学生适时主动调节"害怕"情绪，在师生、生生、亲子共读中保持阳光健康、自信积极的状态。

绘本共享阅读是师生交流的桥梁；绘本共享阅读是生生互动的小舟；绘本共享阅读是亲子融洽的港湾。呵护心灵，与爱拥抱，共享阅读，滋养心田。

（供稿：四川大学附属实验小学　禹永会）

## 阅读主题：爱与友谊
——《对不起》绘本阅读

【适用年级】

二年级（下）

【阅读要素】

一、人文要素

让学生学会真诚地、主动地说"对不起"，引导他们科学地处理自己与他人的关系，并能用心地对待身边人，发自内心做一个温暖的人。

二、语文要素

让学生学习到通过了解故事的起因、经过、结果，感知主人公的心理变化，体会绘本中人物鲜明的形象特点。

【情智要素】

一、情境与知识

让学生知道当矛盾发生时如何有效地说"对不起"，学习到其他解决人际关系中的矛盾的科学方法，并能运用于实际生活。

二、情趣与智能

引导学生通过自主看图、梳理矛盾处理方法等，学会转换角度思考问题。教师根据教材内容创设适当情境，设计活动，师生共同参与、合作讨论，让学生认识到交往过程中矛盾的产生是正常的，能主动去解决出现的矛盾。

三、情志与智慧

通过说一说和讨论交流，让学生愿意想办法解决学习与生活中遇到的矛盾，体会到"主动解决矛盾"的快乐，有勇气尝试用各种科学的方法来缓解甚至解决矛盾。

## 【教学环节】

### 一、前置学习

[设计意图]小学低段学生特别喜欢阅读图文并茂的绘本。通过组织学生阅读绘本，调查学生如何处理和好朋友的矛盾，初步进行分类，有助于教师掌握学生的心理状态和真实想法，更好地设计教学活动。

（一）阅读书目

绘本《对不起》。

（二）资料采集

1. 课前调查二年级学生都是如何处理和好朋友之间的矛盾的。
2. 教学PPT、绘本《对不起》。
3. 学生准备笔和纸写出自己喜欢的解决矛盾的办法。
4. 学生准备贺卡、小信笺、有意义的小礼品等。

### 二、教学设计

（一）游戏引入，整体把握

[设计意图]二年级的小学生拥有具象思维、个性活泼。通过唱歌、游戏等方式活跃课堂气氛，能让学生放松情绪，进入绘本主题"对不起"。

1. 教师以游戏开启教学：小朋友们，请伸出你们的小手，让我们随着音乐齐唱《找朋友》。（播放配乐动画《找朋友》。）
2. 教师引入：今天的绘本就是跟一对好朋友有关，一起去看看他们是谁吧。（出示绘本封面。）
3. 教师引导学生观察绘本封面，关注要点：封面画的是谁？他们在做什么？封面又写了什么？
4. 学生齐读绘本名称《对不起》。

[阶段反思]以《找朋友》这首轻快的歌曲来凝聚学生的注意力，然后引导学生在进入绘本故事之前先观察绘本的封面，获取封面的关键信息，从而能整体把握绘本的主题。

(二) 走进绘本，认知引导

[设计意图] 通过看图、同桌讨论交流等方式，引导学生认识到在和他人交往过程中，"矛盾"随时随地都可能出现，"矛盾"的产生是很正常的，要放宽心、放平心。

1. 教师PPT出示前三幅图片，鼓励学生围绕问题"小兔和小熊在干什么?"，将自己看到的内容表述出来。
2. 教师依次提出以下三个问题，学生逐一作答。
（1）孩子们，你和自己的好朋友也有过像小兔和小熊这样快乐的时刻吗？
（2）小熊和小兔的欢乐时刻并没有持续很久，这是为什么呢？
（3）小兔和小熊都在这个亮片纸里看到了自己，都想要这个闪闪发光的东西，结果怎么样呢？
3. 教师小结并提问：在现实生活中，再好的朋友之间也会出现分歧，当我们和朋友出现分歧的时候该怎样处理呢？
教师引导学生结合图片讨论交流。

[阶段反思] 阅读图片，交流想法，让学生通过分享亲身经历，走近绘本人物。

(三) 打开心灵，接受自我

[设计意图] 通过听一听、说一说、议一议等方式引导学生个性化表达自己遇到矛盾时的处理办法，让他们学会反思，并学到多种缓解矛盾的方法，了解到学习和生活中遇到类似问题要主动想办法解决，帮助学生初步养成主动作为、真诚待人的好习惯。

1. 教师带领学生继续阅读绘本《对不起》，让学生关注拿到被撕成一半的亮片纸，小熊和小兔对对方的看法发生了怎样的变化。
学生进行简要表述。
2. 学生进行小组讨论，围绕问题"最后他们和好了吗？可能通过怎样的方式和好？"各抒己见。
3. 师生回归绘本故事，学生阅读相关内容后思考并回答问题："冷静之后小熊和小兔的想法发生了哪些改变？""最后小兔和小熊是怎么缓解矛盾的？"
4. 师生交流总结处理朋友之间发生的矛盾的办法。
方法1：正视矛盾，调整自己的小情绪，反思自己的行为，主动找对方梳理事件过程，说出彼此的想法。

方法 2：倾诉自己遇到"矛盾"时产生的情绪。把困惑告诉自己最信任的人，让他们提出意见或建议、给予帮助和陪伴。

方法 3：把"矛盾"的情绪记录下来，通过写下自己当时的感受来宣泄情绪。

方法 4：避免尴尬，可以用卡片、信件、小礼物等来向对方传递自己的想法。

[阶段反思] 阅读绘本，学习小熊和小兔解决矛盾的方法，在阅读与交流讨论中表达战胜矛盾的快乐，在轻松愉悦的氛围中学会多角度思考问题、用多种方法解决矛盾，学会真诚对待他人。

（四）师生总结，运用实践

[设计意图] 引导学生根据板书梳理战胜"矛盾"的方法，通过游戏活动和讨论交流，使学生有勇气正视矛盾，愿意想办法解决生活中遇到的类似问题，并能反思以往处理矛盾时的不足之处，能将学到的解决矛盾的方法运用在现实生活中，更为科学地解决矛盾，体验到"战胜矛盾，我能行！"的快乐。

1. 教师总结：通过今天的活动大家明白了在和他人交往的过程中出现矛盾很正常。当遇到矛盾时，我们要做的不是回避、不是逃脱，而是积极地正视矛盾、面对矛盾、解决矛盾，真诚地和身边人交往，从而切实感受到友谊带来的快乐。大家要乐于交朋友，乐于做一个积极向上的人。

2. 教师进行实践指导：回忆过往和同学朋友相处的场景，有没有让你觉得后悔的事情。拿出手中的笔，在白纸或信笺、贺卡上，把你最想说的话送给对方。（教师要注意引导学生反思自己的行为，让他们能给自己一次机会去重新表达情绪。）

学生写下表达情绪的相关文字。

3. 教师进行情感迁移引导：回家后把你今天学到的处理矛盾的方法和爸爸妈妈分享。除了朋友，你或许也曾和身边其他人有过矛盾、争执，回忆当时的情景，为你做得不好的地方跟他们说一句"对不起"，做一个情绪稳定、能换位思考的孩子。

[阶段反思] 情感迁移加深了学生的认知，进一步巩固了学生处理矛盾的经验。反思过往给学生一个反省自己行为的机会，增强了他们运用矛盾处理方法的能力，能帮助学生实现从"不畏惧矛盾"到"战胜矛盾"的转变。

（供稿：四川大学附属实验小学　张　晶）

## 阅读主题：好品质，学一学
### ——《小猪唏哩呼噜》绘本阅读

【适用年级】

二年级（下）

【阅读要素】

一、人文要素

帮助学生学会从书中人物身上发现优点，并结合自身实际学习他们的优良品质。

二、语文要素

根据《课标》要求和二年级学生的阅读思维发展特点，通过精彩的故事情节来激发学生的阅读兴趣，让学生在阅读中学会分析人物，受到情感熏陶。

【情智要素】

一、情境与知识

引导学生从封面中提取信息，通过目录快速找到相关故事情节；分析书中描写技巧，用准确的词语概括人物特点。

二、情趣与智能

引导学生通过表格梳理、自主总结、合作讨论分析书中人物形象。

三、情志与智慧

引导学生以交流分享，加深对书中人物优良品质的认知，从而受到正面熏陶。

【教学环节】

一、前置学习

［设计意图］让学生提前阅读《小猪唏哩呼噜》，完成导学单。

## （一）阅读书目

《小猪唏哩呼噜》。

## （二）资料采集

1. 导学单。
2. 人物关系图表。
3. 教学PPT。

## 二、教学设计

### （一）导入新课，认识人物

[设计意图] 二年级的学生已经可以分清阅读文本中的主要人物和次要人物，并能对书中人物的关系进行梳理。让学生根据书中描写厘清人物关系，从而帮助他们更好地理解文本。

1. 引入：同学们，我们最近通过共同阅读活动，认识了一位可爱的新朋友，他是谁啊？（板书"小猪唏哩呼噜"，学生齐读。）

2. 让学生先一起看看书的封面，说一说在封面上获取了哪些信息。（书名、作者、出版社等。）提问：这是孙幼军爷爷写的故事，关于他，你了解多少呢？（学生交流课前收集的小资料。）

3. 教师在黑板中间贴出"小猪唏哩呼噜"，请三个学生上台，找出相应的人物卡片，分别贴在"家人""朋友""邻居"下面，完成人物关系图。

家人：猪先生、猪太太、十一位猪姐姐。

朋友：小蛇花花、小狐狸丁丁、小猴子皮皮。

邻居：鸭太太、鸡太太、牛先生、驴先生。

[阶段性反思] 通过这张人物关系图，学生很快就能确定书中主人公是小猪唏哩呼噜，而故事就是围绕着它和身边的亲人、朋友和邻居展开的。厘清人物关系对后面学生分析书中人物形象能起到很好的铺垫作用。

### （二）指导交流，对比分析

[设计意图] 让学生通过默读书中故事，概括人物特点，引导他们钻研文本，在主动积极的思维和情感活动中，加深理解和体验，有所感悟和思考。

1. 学生根据课前完成的导学单上的分类说一说自己喜欢的都有谁、不喜欢的又有谁。（投影展示。）

2. 学生任意选择一位书中的人物，与同桌说一说不喜欢他/她的理由。（交流时间3分钟。PPT出示要求：通过目录找到相关情节，结合事例给出不喜欢该人物的理由。）

3. 教师指定一名学生进行全班分享。随后学生默读，并用横线画出驴先生说的话，用波浪线画出小猪说的话，深入了解驴先生表面和气、实际狡猾的性格。教师巡视指导。

4. 学生结合文中插图使用恰当的语气自由读一读驴先生说的话。

5. 学生从与小猪相关句子中找出关键信息，回答"小猪生气了吗？他是怎么做的呢？"。

6. 学生各自选择自己喜欢的两个章节进行默读，说一说唏哩呼噜具有哪些优良品质。

（板书：邻居们——心眼儿多，唏哩呼噜——实心眼儿、勇敢、勤快、单纯、乐于助人。）

[阶段反思] 通过鲜明的对比，让学生更加体会到小猪"单纯"这一品质的可贵。

（三）深入阅读，情感熏陶

[设计意图] 因为本次阅读的是整本书，所以书中的人物形象也更立体、丰满。让学生通过深入阅读，发现主人公的优良品质，受到情感熏陶，获得思想启迪。

1. 教师读出关键词，让学生通过目录页找相对应的故事情节。
（关键词：单纯、勇敢、勤劳、乐于助人。）

2. 教师提问：除了小猪唏哩呼噜，你还喜欢书中哪位人物呢？
学生进行再次阅读，围绕拓展问题进行四人小组讨论，分享喜欢该人物的理由。
（板书阅读主题"好品质，学一学"。）

3. 教师小结：小猪和他的朋友们的优良品质非常值得我们学习，我们也要像他们一样，做一个勇敢勤快、乐于助人、善良大度的人。

[阶段反思] 通过小组讨论交流，学生对小猪和朋友们的好品质有了深刻的认识，凸显了阅读主题"好品质，学一学"。

（四）情境表演，代入体会

[设计意图] 情景表演能让学生进入故事情境中，通过亲身体验更好地体会人物情感，悟出阅读主题。

1. 学生自由分组表演故事情节。教师巡视，择优进行全班展演。

2. 教师总结：通过今天的阅读分享，我们发现了小猪唏哩呼噜的很多优点。我们也要像这头可爱的小猪一样勇敢勤快、乐于助人，这样才能更好地成长，收获更多的快乐。

3. 学生选择自己喜欢的两个故事片段与家人分享。

[阶段反思] 情境表演进一步激发学生的兴趣。课堂总结再次点出本次的阅读主题——"好品质，学一学"，让学生更加明晰本节课的意义。学生通过与家人分享故事片段，能锻炼自己的复述能力。

### 三、拓展阅读

[设计意图] 通过拓展阅读，学生能学习到书中人物更多的优良品质，在获取语文知识的同时，人文素养也得到提升。

**阅读书目**

儿童读物《小布头奇遇记》。

[阶段性反思] 通过课外拓展阅读，学生学到了更多的好品质。

【板书设计】

好品质，学一学

邻居们——心眼儿多

小猪唏哩呼噜——实心眼儿、勇敢、勤快、单纯、乐于助人

【教学反思】

本课是一节整本书的阅读分享课，选择的点是"品质"。学生通过课前阅读和导学单填写，已经梳理出了书中人物特点，所以本节课重点在强化深入，让主人公的形象更加立体、丰满。通过选取重点章节让学生默读，以对比手法突出主人公的优良品质。通过同桌交流、小组讨论、情境表演等环节，步步深入，最后以课堂小结点题，总结升华，水到渠成。学生通过本节课，不仅锻炼了阅读能力，还学习到了优良品质，实现了人文要素和语文要素的有机融合。

（供稿：四川大学附属实验小学江安河分校　郭志敏）

## 阅读主题：共读共情，共拟公约
### ——《我爱整理》《扫除大作战》绘本阅读写话整合课

【适用年级】

二年级（下）

【阅读要素】

一、人文要素

引导学生在自己生活中遇到难题时进行多角度的思考；使他们获得丰富的启示，培养积极的人生态度和健全的人格。

二、语文要素

让学生学会倾听、表达与交流，初步学会文明地进行人际沟通和社会交往；让每一个学生都有表达的自信心，愿意积极参加讨论，敢于发表自己的意见。

【情智要素】

一、情境与知识

通过组织学生一起阅读图文结合的非连续性文本，使学生了解到"主动发表意见；一个人说完，另一个人再说"的语言交际礼仪。

二、情趣与智能

让学生通过小组讨论，明白怎样借阅图书、怎样爱护图书。在小组讨论的基础上，初步形成班级"图书借阅公约"。

三、情志与智慧

增加学生对周围事物的好奇心，使他们能就感兴趣的内容提出问题，并结合课内外阅读经验与同伴共同讨论解决。

引导学生热心参加校园、社区活动。

## 【教学环节】

### 一、前置学习

[**设计意图**] 组织学生阅读绘本，感知生活中井然有序的美，以便在课堂教学时，学生可以通过教师提供的图文快速发现问题、解决问题。

（一）阅读书目

1. 绘本《我爱整理》。
2. 绘本《扫除大作战》。

（二）资料采集

1. 指派"特约小记者"在课前调查并记录二年级各班图书角的现状以及管理情况。

2. 组织学生观察教室，让学生就自己发现的教室存在的问题写一篇日记。

3. 白纸数张（每个四人小组一张白纸）。提醒学生准备彩色笔。

### 二、教学设计

（一）"个性化日记"，说说身边事

[**设计意图**] 通过出示优秀的学生日记，让学生迅速进入课堂，同时迅速拉近学生和学习任务的距离，让学生产生强烈的学习兴趣。

1. 教师展示两篇优秀的学生日记。（投影展示日记的PPT。特别注意：教师需要与日记作者提前商议，如作者同意分享，才能公开展示。）

2. 日记作者朗读日记，其他学生认真倾听并记录日记中记录的重要事件。（板书：认真倾听、自信表达。）

3. 教师展示一篇来自图书管理员的日记，请学生理清管理员提及的问题，并尝试各自寻找解决办法。

[**阶段反思**] 学生上台分享日记的同时，也直接回顾了前期学到的语言交际的要求，达到温故知新的目的。在台上分享日记的学生也基本能做到"声音洪亮"这一要求，教师需更多地关注其余学生"认真倾听"的情况。

（二）走进图书角，主动说发现

[**设计意图**] 展示"特约小记者"课前搜集到的班级图书角的现况资料

（包括图片及简单的文字记录），将图书角现存问题直接呈现给学生。学生通过对此类简单的非连续性文本的阅读快速发现问题。

1. 教师引导语：为了全面地了解问题，特约小记者已在课前对二年级各班的图书角进行了现场调查。我们跟着他的镜头，走近图书角。

开启"走进图书角"师生问与答互动。

（1）怎么评价现在的图书角？（用PPT展示图书角全景图片。）

教师：看着这样的图书角，你想说什么？可以用上"我看见……"这样的句式来表达。

学生畅所欲言。教师适时点评并相机板书：乱放、拥挤……我看见……我发现……

（2）怎么爱护图书？（用PPT播放破损图书的照片。）

教师随机邀请一对同桌上台交流，提问："一般是谁先说？你发现了什么？"

学生回答。

教师板书：折角、涂画……

采访完成后如存在遗漏，教师询问其他学生："还有要补充的吗？"

[阶段反思] 在该教学环节教师应更多地关注日常交往中总是处于弱势、被动的学生，有意地将发言的机会给到这些学生。

（3）还有哪些其他的问题？

教师引导：这只是小记者调查到的一部分情况，小记者还委托老师采访大家："在平时的借阅中，你还遇到过哪些其他问题？"

教师选一些举手积极的学生采访，做适时点评，并板书：我先说吧……我来补充……

教师小结并引出下个主题：咱们图书角的问题太多了，除了你们刚刚说的，还有这样的问题。（快速板书学生没有提到的问题。）怎么保护图书呢？我们要解决掉这些问题。（板书：怎么保护？）解决掉这些剩下的问题，我们就能更好地借阅图书。（板书：怎么借阅？）

[阶段反思] 该环节通过与学生的对话落实了本课的第三个知识、技能方面的目标——轮流说。这样真实而富有生趣的课堂情景让知识技能的传授自然达成。

（三）小组齐讨论，轮流说办法

[设计意图] 本环节设计为让学生观看他人小组讨论的小视频。学生通过

观看影片、认真倾听的方式，能进一步获取合作学习的方法。

1. 问题这么多，怎么办呢？（板书：制订图书借阅公约。）

教师明确公约内涵：公约就是共同制订、共同遵守的约定。

2. 展示小组讨论范例。让学生一起看一看、评一评他们说得怎么样。（用多媒体播放视频。）总结：他们在讨论前，先商量选择了话题，再进行了分工。

3. 展示小组讨论汇总成果——金点子收集表。

（1）小组成员讨论选定问题。

（2）进行合理分工，确定谁负责记录、谁负责秩序。

4. 四人小组围绕主题开启 5 分钟的讨论。

5. 全班汇报，完成本班的图书借阅公约。

相关要求：每个小组在汇报时做到表达主动、清晰，送上一颗星；未汇报时倾听等待，做到"轮流说"，再送上一颗星。（将优秀小组制订的图书借阅公约张贴在白纸上。）

教师小结：由于时间有限，我们的公约还需要课后的进一步完善。希望孩子们在图书借阅公约的帮助下，能读到更多更好的图书。

[阶段反思] 合作学习只是过程与方法，教师要在热闹的课堂上密切地关注学生的口语交际能力是否有提升，关注每个小组在汇报过程中是否有尝试用上本课所学的口语交际方法，尤其要关注日常交往中处于弱势和被动的学生。

（四）总结延伸，回归生活

[设计意图] 本环节旨在延续话题的同时，通过教师自编的儿歌让学生进一步实践学到的口语交际方法。

1. 教师导入：其实小记者在调查咱们班的时候，也同时走访了其他班。发现有的班早就制订出了图书借阅公约，大家一起来看看。（用PPT展示其他班级的图书借阅公约的图片。）

教师接续展示公约颁布后的图书角变化图。（PPT图片显示图书角先整齐，后来又逐渐杂乱。）

学生轮流说说自己看明白了什么。

教师小结：公约的制定只是一个好的开始，共同遵守、长期坚持才能让图书角一直呈现为我们喜欢的样子。今天制订公约用到的交际方法，也需要你们在实际生活中去不断运用。

2. 教师自编儿歌分享口语交际方法。学生朗读儿歌。

**我来定公约**

发现问题积极想，有了答案主动说。

同伴发言我倾听，等他说完我接上。

公约来自你我他，人人遵守班如家。

[阶段反思] 第一学段的学生非常喜爱儿歌。教师自编儿歌落实了本课教学重点，也拓展了学生的阅读量。学生的表达能力就在这共读共情中得到了提升。

### 三、拓展阅读

[设计意图] 课后推荐学生阅读两本整理类的绘本，旨在落实本课的人文要素，进一步指导学生解决生活实际问题。

**阅读书目**

1. 绘本《我爱整理》。
2. 绘本《扫除大作战》。
3. 儿歌《我来定公约》。

[阶段反思] 这一阶段旨在巩固本课与口语交际相关的信息点，让学生通过课后的朗读能够进一步内化口语交际方法。

【板书设计】

口语交际：

图书借阅公约

| | | |
|---|---|---|
| 主动说 | 我看见…… | 认真倾听 |
| | 我发现…… | 自信表达 |
| 轮流说 | 我先说吧…… | 怎么保护？ |
| | 我来补充…… | （折角、涂画……） |
| | | 怎么借阅？ |
| | | （乱放、拥挤……） |

【教学反思】

"图书借阅公约"口语交际阅读课以讨论制订图书借阅公约为主体，重在学生交际互动，让学生学会在合作学习中积极思考、主动发言，同时做到倾听等待、轮流说。

在本节课的实施中，教师努力尝试真实有效地构建口语交际情境，通过"走进图书角"进行聚焦，以"发现问题"为话题，在交流的过程中让学生初步学会"主动说"。教师特意关注了平时在口语表达上暂时落后的学生,积极地鼓励这部分学生大胆开口,用"我看见……""我发现……"这样的句式为这一部分学生构建"支架",让他们能够有话可说。在强调"轮流说"的同时关注学生倾听及"人人主动说,大家轮流说"的口语交际要求的完成情况,让学生与学生之间的互动交际真实地发生,从而落实本节课目标。

(供稿:四川大学附属实验小学江安河分校　兰　静)

## 阅读主题：体会童趣，感受亲情
### ——《我家是动物园》绘本阅读

【适用年级】

二年级（下）

【阅读要素】

一、人文要素

让学生感受绘本故事诙谐幽默的语言风格和温馨的内容，感受故事主人公热爱家人的情感。

二、语文要素

让学生学习到根据图画和提示语"猜猜他是谁"。

【情智要素】

一、情境与知识

让学生阅读文本，结合图文理解故事内容，观察书中人物和动物的对应关系，在观察中猜测故事情节并仿写绘本。

二、情趣与智能

通过读文猜测、看图想象、仿写绘本等方法解读绘本，引导学生走进绘本情境，找出语言范式的学习点，结合生活，展开联想，尝试用"我叫……其实呢，我是……"和"这是……其实呢，他/她是……"两个句式，抓住特点介绍自己或他人。

三、情志与智慧

引导学生感受绘本诙谐幽默的语言风格和温馨的内容，品味故事中蕴藏的作者突出的创意和想象力，体会小主人公热爱家人的情感。

## 【教学环节】

### 一、前置学习

[设计意图] 通过组织学生阅读绘本，来激发学生的学习兴趣，有助于教师更好地进行教学设计。

（一）阅读书目

绘本《我家是动物园》。

（二）资料采集

1. 教学 PPT。
2. 绘本资料，学生准备彩色笔。
3. 人手一本《我家是动物园》。

### 二、教学过程

（一）谈话激趣，认识封面

[设计意图] 用动物园的图片来吸引学生的注意力，并与绘本名中的"动物园"相呼应，为引出绘本奠定基础。让学生在了解基本信息之后关注绘本封面的配图，引导学生观察，结合想象，猜猜绘本名的意思。

1. 教师提出引导问题。

（1）今天，老师带大家去一个地方，看看这是哪儿呢？（回答：动物园。）

（2）你喜欢哪种动物？为什么？（引导学生抓住特点回答。）

（3）今天我们就一起走进一个绘本故事。这个故事也和动物有关。瞧，从封面上，你看到了什么？（出示封面。）

2. 教师引导学生从绘本的封面文字寻找绘本的出版信息，如作者、绘者、译者、出版社等。

3. 学生观察封面图画，陈述图上画着什么。

4. 教师小结：封面就是一本书的"眼睛"。读绘本之前仔细观察封面，是一个好习惯。

[阶段反思] 封面就是一本书的"眼睛"，藏有许多有用的信息。教师引导学生观察封面中的图片和文字，既可以让学生发现当中的奥秘，也能让学生学到阅读封面的方法。

(二)走进绘本，学习方法

[设计意图]本环节以教师引导为主。通过本环节学生能学到阅读绘本的三个法宝。随着阅读的不断深入，学生可以感受到语言的幽默以及祥太一家人的相互关爱。

1. 教师导读：封面上的小男孩介绍自己了，他说我是祥太，是个小男孩，其实呢……仔细看图，猜一猜，我是什么？为什么？

2. 学生猜测。教师出示图片揭晓答案。

3. 学生尝试回答：祥太明明是人，为什么说自己是猴子？（解答：祥太是把自己比作了小动物，根据自己喜欢吃的食物、本领来介绍自己的。）

4. 男生齐读关于祥太爸爸的内容，认识祥太的爸爸。

教师提问：谁能猜猜为什么祥太说爸爸是只大狮子？

学生回答。

5. 全班起立，边表演边读与祥太爸爸相关的内容，要求读出大狮子的威严。

6. 教师读介绍妈妈的内容并解说：浣熊有个特点，经常把获取到的食物拿到水里去清洗泥沙，而妈妈也像浣熊一样爱干净呢。

7. 教师提问：祥太没有讲，你能猜猜有一次发生了什么吗？

学生回答。

8. 教师小结：孩子们，不知不觉咱们已经读了一半的故事了，想想刚才我们是怎么来读故事的？老师送你们三件法宝——看看图片、读读文字、展开想象。你们能用这三个法宝来读读后面的故事吗？

[阶段反思]学生在教师的引导下轻松愉悦地走进绘本，通过看看图片、读读文字、展开想象的方法了解绘本故事。

(三)自主研读，探索绘本

[设计意图]学生在自主阅读中抓住信息，用上绘本阅读的三个法宝理解后面的故事。"选出自己最喜欢的一个人物"的环节激发了学生探索文字和图片细节的兴趣，让学生能更准确地利用人物的外貌、衣着、行为等，想象人物的性格特点。

1. 学生带着问题"祥太家里还有谁呢？"进行自主阅读。

2. 学生在梳理祥太家族成员的同时，找出自己最喜欢谁。

3. 交流汇报。

(1)教师读与祥太爷爷相关的内容。学生思考并回答：爷爷有什么特点？

祥太骑在爷爷的肩膀上，猜猜他会看到什么美丽的风景？什么心情？你喜欢这样的爷爷吗？

（2）教师引导学生读祥太奶奶相关的内容，学生边读边想：为什么说奶奶是狐狸？你喜欢这样的奶奶吗？你能用"有时候……有时候……有时候……还有时候"这样的句式造句吗？

（3）女生齐读祥太妹妹的相关内容。教师提问：你能在这段话里找一找能体现祥太妹妹特点的词语吗？想象一下，像小兔子一样的茜茜会听见什么呢？

学生围绕教师的提示开展全班交流。

4. 教师提问：看完绘本，我们认识了祥太一家人。请你用一个词语来形容这是怎样的一家人？（解答：温馨、快乐、热闹、有趣、幸福……）

教师小结：是啊，生活在这样的家庭会觉得很幸福！

［阶段反思］学生用上绘本阅读的三个法宝，可以把绘本故事描述得很有意思。这个"动物园"不仅好玩，还藏着浓浓的爱和幸福呢！

（四）仿照句式，学习表达

［设计意图］教师在带领学生阅读的过程中，帮助学生梳理绘本的人物关系，找到语言范式的学习点，并与学生的兴趣点相结合，通过趣编故事让学生乐于读、顺畅写。

1. 教师引入：这个家太好玩了，祥太说了一句话……

全班齐读绘本最后一段话。

教师提问：我们认识了这么有趣的一家人，祥太也很想认识你们呀。谁愿意来试着介绍自己或者同学吗？请抓住自己或者同学的特点，用上"我是……其实呢，我是……因为……""他/她是……其实呢，他/她是……是……因为……"这样的句式来说一说。

学生先与各自的同桌交流。教师再指定几个学生进行全班汇报。

2. 教师提出要求：小朋友们，现在请你们打开抽屉，拿出信封里的资料，按资料的要求用上刚才那些句式来描述一下自己。如果你能用上"有一次"就更棒了。

学生写好后开展全班交流。

3. 教师小结：孩子们把自己的想法画下来、写出来，再将大家的成果装订起来，加上封面，就是一本属于我们班级的图画书啦！

［阶段反思］有了前面的铺垫，在本环节，学生用指定的句式来写话也就水到渠成了。这样循序渐进的教学方式，既给了学生一定的"进阶过渡"，也

让学生觉得充满挑战性。

### 三、拓展阅读

[设计意图] 课后推荐学生和家长一起阅读有关亲情的绘本。《我爸爸》能让学生体验温暖的亲子情感，感受爸爸的爱；绘本《猜猜我有多爱你》和《逃家小兔》，通过色彩的对比，能生动地呈现兔妈妈和小兔之间有趣的对话，让学生明白母爱的伟大与无私。

**阅读书目**

1. 绘本《我爸爸》。
2. 绘本《逃家小兔》。
3. 绘本《猜猜我有多爱你》。

[阶段反思] 本次拓展阅读为亲子共享阅读，借助绘本中的图画、文字和家长的讲读，让学生进一步体会到了家的温馨和热爱家人的情感。

## 【板书设计】

我家是动物园

看看图片

读读文字　　幽默、快乐、温暖、关爱……

展开想象

## 【教学反思】

根据图画和提示语"猜猜他是谁"，结合学生形象化的认知特点、思维方式及他们喜欢夸张想象的阅读需求，选择相关主题的绘本，同时基于语文教材和《课标》的要求，让学生感受人物的诙谐幽默，课堂气氛轻松愉悦。

教学中，教师遵循"观察—感受—表达—写话"的顺序，引导学生写话，让学生一步步向前走。学生阅读绘本，在观察绘本中生动的图画的同时，还关注文字说了什么，期待获得完整的故事意义。教师在带领学生阅读的过程中，帮助学生梳理绘本的人物关系，找到语言范式的学习点，并与学生的兴趣点相结合，让学生在趣编故事中乐于读、顺畅写。

虽然我接触绘本阅读教学时间不长，但是对于绘本却有着深深的感情，总觉得这样的读物就像是汩汩的温泉让人觉得非常温暖，悄悄润泽着学生的生命，同时又丰富了其语文知识。

（供稿：四川大学附属实验小学　张　翼）

# 第二章　中段群文共读

　　群文共读近年来悄然兴起，是共享阅读教学的一种新形式。教师围绕一个主题，选择一组结构相似的文章，引导学生围绕主题开展立体化的共享阅读，在阅读中提出自己的观点，提升阅读力和思考力，进行多元的言语实践过程。群文共读拓展了阅读数量，提升了阅读速度，强调学生在阅读过程中的自主发现、共享感悟。

　　小学中段学生的识字能力增强，阅读的数量逐渐增多，阅读的范围逐渐扩大，但是学生仅靠教材还远远达不到九年义务教育学生课外阅读总量应达到400万字的要求。而群文共读可以有效地增加学生的阅读量、扩大学生的阅读面，为学生素养提升奠定扎实的基础。

　　经过几年的探索，小学中段群文共读教学实践积累了几种典型的模式，包含五大类型。第一类以教材为主，强调单元整合。第二类突破教材，以教材文本为主，增加课外阅读量。第三类为整本书阅读。第四类是针对一个主题开展的"1+X"阅读。第五类是课内外阅读结合。明确的主题、丰富的教学模式、以学生为主体的课堂、开放的教学环境让群文阅读的教学效益日益显现。

　　走进中段群文共读课程，让我们一起来畅游奇妙的童话世界，走近动物朋友，点燃阅读激情，品味描写"水"的色、情、形的诗词，在共享阅读中提升素养吧！

## 阅读主题：学用关键句
——群文阅读《秋天的雨》《富饶的西沙群岛》《海滨小城》《大自然的声音》

【适用年级】

三年级（上）

【阅读要素】

一、人文要素

让学生在共读共议共发现的阅读感知中，体验关键句在段首的妙用，感悟作者情感。

二、语文要素

引导学生联系阅读经验和生活实际，围绕一个关键句写一段话，达到读写共生的效能。

【情智要素】

一、情境与知识

以多文本的比较阅读方式，引导学生发现能帮助自己理解段意的关键句。

二、情趣与智能

让学生在共读共议共发现的阅读感知中体验关键句在段首的妙用。

三、情志与智慧

引导学生联系阅读经验和生活实际，围绕一个关键句写一段话，表达自己感悟生活点滴、热爱生活的情感。

【教学环节】

一、前置学习

[设计意图] 通过下发带有文本《秋天的雨》的导学单，引导学生根据单元要素目标"寻找关键句"去初读文本，开展思考。

(一) 阅读书目

1.《秋天的雨》第三自然段。
2.《富饶的西沙群岛》第三、五自然段。
3.《海滨小城》第五自然段。
4.《大自然的声音》第三自然段。

(二) 资料采集

让学生于课前标出文本的句子序号，思考每句话的关系。

## 二、教学设计

(一) 复习旧知，温故知新

[设计意图] 结合三年级上期学段特点和单元语文要素要求，引出课题。
1. 教师板书课题，指导读，让学生说说课题的意思。
2. 教师质疑关键词，引发学生思考
(1) 什么是"关键句"？
(2) 教师指出单元要素。学生齐读，明确学习任务。
[阶段反思] 在此环节开门见山地揭示课题，引出思考点，指向本节课要关注的中心——关键句。学生兴趣提高、精力集中，能为此后教学的进行奠定较好的基础。

(二) 群文阅读，生成新知

[设计意图] 带领学生读多个篇目，从厘清句子关系着手，引导学生做出推测，找出关键句。

1. 出示《秋天的雨》第三自然段，师生共读，学生思考：
(1) 该自然段有几句话？每句写了什么？
(2) 句子之间有什么关系？
2. 教师小结：文段的第一句概括了后文。它对全段很重要，能帮助我们理解段意。我们称这种句子为关键句。
[阶段反思] 此环节帮学生"细嚼"句子与句子的关系，学生从中能自主获知关键句有"概括""重要""总结"等作用。学生回答问题使用的词句虽不完美，却充分体现出了他们认识到了"关键句"的效果。

3. 寻找关键句。具体流程包括：

（1）教师出示群文文段。学生用刚才学到的"三步法"练习寻找关键句。

（2）学生开展小组合作讨论，说说自己找到的关键句及认定关键句的理由。

（3）小组汇报。

[阶段反思]此环节将关键句处于不同位置的文本呈现在学生面前，引导学生开展自主练习，进一步了解句子与句子的关系，体会作者的情感，让学生对关键句有了更深刻的认识。

（三）拓展运用，巩固知识

[设计意图]通过读与写，学生巩固了关键句的相关知识，并尝试在文字中使用关键句描述自己的生活点滴。

1. 写写关键句。

（1）教师出示《富饶的西沙群岛》第三自然段，让学生尝试用"三步法"写写关键句。

（2）教师指定学生汇报。点评重点：关键句与其他句子的关系——概括、围绕、总起、过渡、总结等。

2. 学生围绕关键句"车站的人可真多……"写一段话。要求：

（1）以关键句开头。

（2）联系生活实际，以多种材料进行描写。

3. 学生进行作品展示、分享。

4. 教师小结：关键句可以帮助我们理解一段话的意思，也可以引导我们围绕主题说一段话。这种方式，让我们的表达更加清楚，能更好地为我们的学习和生活服务。

[阶段反思]在此环节中，从围绕一段话写出所缺关键句到围绕关键句写一段话的两步练习，拓展了学生对关键句的认知，也进一步加深了学生对文本表达的把控能力。

三、拓展阅读

[设计意图]此环节旨在帮助学生对所学知识进行拓展延伸。教师选取的材料里均含有关键句。关键句所处位置不同，有的是总起句在段首，有的是过渡句在段中，有的是总结句在段尾。《海底世界》的关键句是全文的总结句。这个文本能帮助学生把对关键句的理解自然过渡到关键段落，为三年级过渡至

四年级打下基础。

**阅读书目**

1.《美丽的香山公园》第三自然段。

2.《九寨沟》第六自然段。

3.《月光下》第三自然段。

4.《海底世界》全文。

[**阶段反思**] 学生在拓展阅读环节读得很认真。在段落阅读环节，他们迅速地理解了句子的意思，辨别了关键句。在全文阅读环节，学生则表现不一，有的学生并不能判断出全文的关键句，有的学生通过反复阅读能找到全文最后一段是《海底世界》的关键句，也是中心句。出现这种现象很正常，体现出了学生对知识的吸收和对文字的感悟能力在增强。

【板书设计】

　　　　　学　用　关　键　句
　　　　　总结、总起
　　　　　概括
　　　　　重要
　　　　　关键

【教学反思】

　　阅读是人们的一个小动作，却是学习和成长的大话题。如何阅读，如何读懂，如何帮助自己读而能用？这些问题是大话题的中心。对中段学生而言，只要能够做到认识一个个汉字，理解一个个词语，读懂一句句话，进而一步步感悟作者的情感，大话题的中心问题便迎刃而解了。因此，在阅读教学中，把握《课标》要求，抓牢单元语文要素，厘清各个教学环节，能帮助学生做好一步步的阅读理解。本课"学用关键句"，就是用了此法，把三年级学生需要探索的"理解句子"作为首要任务，引导学生把每个句子掰开理解，把句子与句子关联理解，从而理解一段文本。关键句便在学生头脑中清晰呈现。学生能认能写关键句。这也让本课达到了阅读而识、群读而启、读写共生的目标。

（供稿：四川大学附属实验小学　王锦兰）

## 阅读主题：水之韵
——群文阅读《望天门山》《饮湖上初晴后雨》《望洞庭》

【适用年级】

三年级（下）

【阅读要素】

一、人文要素

激发学生爱家乡的热情。

二、语文要素

引导学生通过回顾与"水"相关的古诗文，探究出描写"水"的方法。

【情智要素】

一、情境与知识

让学生通过学习《望天门山》《饮湖上初晴后雨》《望洞庭》，感悟"水"之韵在于水有色、有情、有形。

二、情趣与智能

拓展赏析《都江堰》节选，激发学生探究家乡"水"的热情，鼓励学生从色、情、形来描写家乡的水。

三、情志与智慧

在诵读与"水"相关的古诗词中，激发学生对家乡的热爱、对中华诗词的热爱。

【教学环节】

一、前置学习

[设计意图] 本课以群文阅读为出发点，旨在通过三首诗的学习，调动学生已有积累，帮助学生探寻主题"水"。而这一主题，又可从"色""情""形"

等多方面来呈现。基于此，前置学习以调动学生已有的积累为核心，让学生分小组搜集和摘录与"水"相关的古诗句。

**阅读书目**

与"水"相关的古诗词。

## 二、教学设计

（一）欣赏"水"之字韵

[设计意图]由"水"的字形演变让学生走进"水"之字韵，感悟"水"的魅力，激发学生对这节课的浓厚兴趣。

1. 教师引导学生观察"水"的字形变化，了解"水"为象形字。（用PPT呈现"水"的字形演变。）

2. 教师引入：看着这流动的水，你们有什么想法？这节课，我们就一起走进水，欣赏"水之韵"。（板书：水之韵。）

[阶段反思]一张张图片的呈现，引导学生在文字的演变中行进。即使是一个"水"字，也能唤醒学生对汉字奇妙发展的赞叹，自然引发其对"水之韵"的探寻。

（二）赏读"水"之诗韵

[设计意图]结合三年级下册第六单元课文《古诗三首》，立足"水"的主题，带领学生从三首诗中探寻到"水"的"色""情""形"，打破古诗的常态教学方法，让学生通过诵读，感悟到诗中呈现出的"水"的核心特点，并由此及彼，调动学生的知识积累，使教学目标明确化。

1. 感悟水之韵在色。

（1）教师引导学生诵读《望天门山》，并交流各自对诗意的理解。

教师就关键词"楚江""碧水"提出相关问题：同学们，你们了解"楚江"吗？楚江就是长江。这里的楚江在诗中还被诗人称作什么？为什么称作碧水？（板书：楚江—长江—碧水/色。）

（2）交流搜集的诗句，发现"水之韵"在"色"。

教师引入：其实，我们学过的很多诗句里，都藏着水的颜色。谁愿意来展示你们搜集的诗句，并为我们介绍诗句中水的颜色让你体会到了什么？

学生分享。

教师用PPT呈现相关诗句。

白毛浮绿水，红掌拨清波。(唐·骆宾王《咏鹅》)

江碧鸟逾白，山青花欲燃。(唐·杜甫《绝句二首》)

一道残阳铺水中，半江瑟瑟半江红。(唐·白居易《暮江吟》)

日出江花红胜火，春来江水绿如蓝。(唐·白居易《忆江南》)

教师小结：诗句中的水或绿、或碧、或瑟瑟、或红、或绿如蓝。水有了不同的颜色就有了不一样的风韵。(板书：水之韵——有色。)

2. 感悟水之韵在情。

(1) 教师引导学生诵读赏析《饮湖上初晴后雨》。

教师提出以下问题，学生回答。

①诵读这首诗，你发现诗人对西湖做了怎样的比喻？

②"欲把西湖比西子，淡妆浓抹总相宜"中的淡妆、浓抹是什么意思？在诗句中，什么时候西湖是淡妆、什么时候是浓抹？

③你喜欢什么时候的西湖？为什么？

④苏轼喜欢什么时候的西湖？

(2) 交流搜集的诗句，发现"水之韵"在情。

教师引入：在感情细腻的诗人眼中，水是有情的。有情的水还在哪些诗句中流淌呢？从中你体会到什么？

学生自由交流搜集到的诗句。

教师用PPT呈现相关诗句。

野旷天低树，江清月近人。(唐·孟浩然《宿建德江》)

桃花潭水深千尺，不及汪伦送我情。(唐·李白《赠汪伦》)

泉眼无声惜细流，树阴照水爱晴柔。(宋·杨万里《小池》)

郁孤台下清江水，中间多少行人泪。(宋·辛弃疾《菩萨蛮·书江西造口壁》)

教师小结：水有情，这情蕴含于水中，水的韵味就尽现眼前。(板书：水之韵——有情。)

3. 感悟水之韵在形。

(1) 诵读品析《望洞庭》。

教师提出问题，学生回答。

①读这首诗，你能发现"水"的韵味还藏在什么地方？

②这首诗把洞庭湖比作了什么？(解答：把"潭面"比作"铜镜"，比作"白银盘"，生动形象地描绘出洞庭湖的形态。)

(2) 交流搜集的诗句，发现"水之韵"在情。

教师用PPT呈现相关诗句。

杨柳青青江水平，闻郎江上踏歌声。（唐·刘禹锡《竹枝词》）

九曲黄河万里沙，浪淘风簸自天涯。（唐·刘禹锡《浪淘沙·九曲黄河万里沙》）

飞流直下三千尺，疑是银河落九天。（唐·李白《望庐山瀑布》）

水心如镜面，千里无纤毫。（唐·白居易《初领郡政衙退登东楼作》）

江作青罗带，山如碧玉簪。（唐·韩愈《送桂州严大夫》）

教师小结：读这些诗句，你发现了吗，诗句中的水呈现出不一样的姿态。这里的水或平或弯，或直下三千尺，或如镜面，或如一条束腰的衣带。正是因为水形态的变化，我们欣赏到了"水"别样的风韵。（板书：水之韵——有形。）

[阶段反思] 帮助学生通过诵读古诗，抓住诗眼，体会"水之韵"的不同呈现方式。同时，结合课前学生搜集的诗句，引导他们进行分析、筛选、分类，并畅谈自己的理解，让曾经只是读读背背的诗句有了色彩、有了感情、有了形态。

（三）探寻"水"之文韵

[设计意图] 这一选段着重于水的动态，目的在于拓展学生对水的认知，让学生能在用语言文字描述水的时候抓住其声音、形态的变化特点，更生动地呈现水的韵味。

1. 赏析《都江堰》。

教师引入：让我们漫步家乡，你能发现，在我们身边也流淌着水，这就是岷江，看看余秋雨笔下的岷江有怎样的韵味？（用PPT展示《都江堰》节选。）

2. 学生描述岷江给自己留下的印象。

[阶段反思] 听读，自由读，自由交流，让学生由古诗走进自己的生活，更好地领悟如何去描写水的韵味。

（四）创作"水"之诗文

[设计意图] 语文学习就是由外而内的吸纳过程。由读到写，以读促写，这才是学习语文的目的。

1. 教师板书：水的韵味可以通过水的颜色、水的形态、水的声音、水的情谊呈现。

2. 作业布置。

教师要求：在成都，还有府南河、浣花溪、百花潭。走进你的生活，寻找身边的水，抓住水的"色""情""形""声音"，先说一说，再写出来。

[阶段反思] 习作就是要引导学生乐于观察，把自己印象最深、感受最深的内容写清楚。这里的习作，就从学生熟识的河流入手，紧紧与学生生活环境相联系，帮助学生把课堂上学到的描写水的方法运用到描述身边的河流中。采用先说一说疏通语句再写一写的方式，学生能更好地向语言深处漫溯。

【板书设计】

水之韵

有色　有情　有形　声音　变化……

【教学反思】

语文学习即积累，聚沙成塔，积水成渊，才能完美呈现语文学习这一过程的成果。对语文而言，每一个字、词、句都是珍贵的。《水之韵》这一课的教学就是围绕"水"，从水这个字的认知，到水的诗句的品析，再到水的文段的感悟，层层递进，自然引发出学生观察自己身边的水，写出关于水的文段。这正是由字到词、由词到句、由句到段的逐步推进的语文学习过程。

水是自然界中普遍存在的一种物质。这节课从"水"的古文字形出发，让自然的水与抽象的符号交汇融合，激发了学生对水之韵的探寻之趣；接着借助课文中的三首古诗，从自然流淌的水过渡到品析语言文字中的水，适时结合学生搜集的与水相关的古诗文，帮助学生梳理、整合，引导学生发现"水"之韵在于水有情、水有色、水有形；再联系学生生活环境，从学生身边的"水"出发，赏析《都江堰（节选）》，让其获得审美体验、情感丰富，激发学生想象，使他们学习到表述方法。

在这个过程中，水浸润了学生的心灵，更让语言知识慢慢沉淀下来，实现了语言积累。积累的语言，为最后一个环节——习作，提供了必要的保障。

布置作业不仅仅是一个总结，还是这节课习得语言的应用。习作要求学生从自己的生活出发，走近自己熟悉的水，用眼睛观察，用语言表达，把课堂上所积淀的语言储备放入习作中。这样"写"，就是水到渠成，最终实现了运用语言的目标，表达出了"水之韵"。

（供稿：四川大学附属实验小学　胡　宇　雷时灵　吴丹丹）

# 阅读主题：童年的回忆，成长的故事
## ——群文阅读习作整合课

**【适用年级】**

四年级（上）

**【阅读要素】**

### 一、人文要素

让学生认识到童年是快乐的，但童年不仅仅有快乐，更有烦恼、困惑、挫折带来的成长故事。

### 二、语文要素

引导学生通过人物的动作、语言、神态，体会人物的心情。让学生记一次游戏，把游戏过程描写清楚。

**【情智要素】**

### 一、情境与知识

引导学生从自己的体验出发，创造性地展开话题，在叙事中真实、具体地表达自己的独特感受。

### 二、情趣与智能

引导学生按照游戏的顺序把游戏过程以及当时的心情写清楚。让学生通过自己修改习作，清楚誊写，学习修改有明显错误的词句，正确使用冒号、引号等标点符号。

### 三、情志与智慧

通过让学生认真观察游戏中不同团队进行角色体验的过程，激发学生针对游戏过程中自己感觉有趣、印象深刻的场景的表达意愿，培养学生的团队意识、合作精神。

【教学环节】

一、前置学习

[设计意图]小学中段学生已经能将自己体验过的活动在脑海中进行场景再现。列举丢沙包、抢椅子、跳长绳等游戏可以引出习作话题，通过回顾游戏过程，说感受、忆画面，激发学生的表达欲望。

（一）阅读书目

1.《牛和鹅》。
2.《一只窝囊的大老虎》。
3.《陀螺》。

（二）资料采集

1. 课前调查本校四年级学生平时喜欢的游戏，设计出符合学生特点的有趣的游戏教学环节。
2. 让学生确定一个自己最喜欢做的游戏。

二、教学设计

（一）创设情境，导入新课

[设计意图]教给学生说清楚游戏过程（特别是其印象深刻的地方）以及游戏后的感受的方法，让学生了解阐述的技巧。

1. 教师播放歌曲《你笑起来真好看》进行课前暖场。
2. 教师引入：同学们，游戏可以锻炼我们各方面的能力，可以让我们进入自由自在的快乐天地。你们平时爱玩的游戏是什么？谁来说一个你最喜欢玩的游戏？

教师指定学生进行分享。

3. 教师提出要与学生一起玩一个他们没有玩过的游戏。（板书：记一次游戏。）

[阶段反思]唤醒学生对游戏的记忆与体验，让学生感受玩游戏的快乐，激发学生的表达欲望。

## （二）学习范文，提炼写法

**[设计意图]** 让学生明确习作的具体要求，按游戏进行的顺序把游戏过程写清楚。

1. 教师引入：请同学们看屏幕了解我们怎么来观察游戏。我读前半部分，你们读后半部分。

（1）游戏前，你做哪些准备？（师读。）

我做这些准备……（生读。）

（2）在游戏中，做了些什么？印象比较深的是什么？（师读。）

我做了……，印象比较深的是……（生读。）

（3）游戏结束后，你有什么感受和想法？（师读。）

我的感受和想法是……（生读。）

（板书：按顺序：游戏前、游戏中、游戏后）

**[阶段反思]** 进一步明确习作要求，学生可回顾课文《陀螺》表达自己感受的片段。

## （三）做游戏，提炼素材

**[设计意图]** 通过有趣的游戏激发学生的习作动机。利用"五星评价表"让学生自评、互评，能推动学生按顺序将游戏过程写得更清楚，更加关注参与人的语言、动作、神态。最后，师生共同探寻把游戏中、游戏后的想法和感受写清楚的方法。

1. 教师向学生讲解以关键字、替代符等进行速记的方法，让学生知晓巧妙速记有利于下一阶段的作文。

2. 师生进行"盲人雕塑家雕塑蜡人"游戏的准备。

（1）选三位同学扮演游戏中的角色。

"盲人雕塑家"——要求扮演者细心、记忆力强。

"模特"——要求扮演者耐力比较好，不怕痒。

"蜡人"——要求扮演者好脾气，能"任人摆布"。

（2）没有被选到的学生为观众兼评委，分成8个小组。每个组分别做好组内分工。1位同学负责用平板电脑拍摄游戏时的场景、1位同学负责用平板电脑录制游戏时的视频，其他6位同学拿出草稿纸根据自己观察到的实际情况速记游戏的过程。

3. 教师阐述游戏细则。（板书：写清楚：人物、动作、神态……）

（1）说玩法。

模特摆造型—盲人雕塑家摸模特—盲人雕塑家雕塑蜡人—观众评委评价。

（2）定规则。

参与人好好玩。观看的人好好记录，可以笑，但绝对不准开口说话。各小组成员要团结协作、坚持到底。

4. 师生开始进行"盲人雕塑家雕塑蜡人"的游戏。

（1）教师用PPT展示模特动作图片。模特出场，根据图片摆出相应姿势。（模特出场时配以走秀的音乐；"模特"要走出模特气场，以激发学生的体验乐趣。）

（2）盲人雕塑家带上眼罩触摸模特摆出的姿势。

（3）蜡人放松，由盲人雕塑家来为其调整姿势。（蜡人也要带上眼罩，避免看到图片或模特摆出正确的姿势，从而减少了雕塑家触摸模特以雕塑蜡人的体验。）

（4）蜡人被雕塑完成后，观众评委观察寻找蜡人与模特不同的地方，再进行组内的交流与分享，如找出5个及以上不同的地方，则观众评委获胜。

5. 教师采访承担不同角色的学生，让他们分别谈游戏感受。（板书：感受：欢乐、刺激、搞笑……）

[阶段反思] 利用平板电脑拍照和录像的学生在活动参与中表现较好，但利用草稿纸进行速记的学生记录的内容较少，需要借助拍摄成果来增补记录内容。

（四）根据记录，说游戏、写游戏

[设计意图] 学生站在自己的角度进行观察和记录，借助本组成员的拍摄成果增补记录内容，再通过同学之间的交流与分享实现信息拓展，从而将游戏参与的各个细节融入习作。这有利于学生学习多角度地观察、记录、表述人物的语言、动作、神态。

1. 教师引入：回忆一下你要描写的角色在游戏过程中是怎么做的？他有哪些表现？你自己的感受如何？想好后记下来和小组同学说一说。小组的其他同学根据表述者对自己观察内容的阐述补充记录。

2. 教师提出作文要求。

（1）请将游戏写下来，既要把游戏过程写完整，把游戏中主要角色的表现写进去，还要写出观众评委的表现，让没有玩过这个游戏的人也能"身临其境"。

（2）想一想，应该怎样做才能保证自己的文章一气呵成，不会有错别字，不会有不通顺的地方。

（3）写完作文要检查。检查的最好办法就是朗读，如果在朗读过程中发现有问题的地方，就要进行修改，改到读起来很顺畅、听起来很舒服为止。还可以请同伴提意见，结合同伴的意见进行完善。

3. 评一评。

让每个学生完成作文的评价，评价表可参考表一。

表一　比一比，谁是五星小作家！

| 评价内容 | 星级<br>（做到一项得一颗） | 自评 | 互评 |
| --- | --- | --- | --- |
| 根据自己的角色拟定了习作题目 | | | |
| 按照游戏前、游戏中、游戏后的顺序写作 | | | |
| 写清楚了印象比较深刻的场面 | | | |
| 写出了自己参与游戏的想法和感受 | | | |
| 在修改习作的过程中能正确使用修改符号 | | | |

[阶段反思] 通过作文的自评、互评及教师的引导，学生有了明确的作文修改方向。学生也通过用修改符号改正错别字和不通顺的句子，养成了不断修改习作的习惯。

### 三、拓展阅读

[设计意图] 通过让学生阅读游戏主题的相关好书，继续学习如何抓住人物特点、如何将游戏过程描述详略得当、如何做到中心突出、怎样准确抒发真情实感。

**阅读书目**

1. 短篇小说集《蟋蟀》。
2. 《少先队员的心灵》。
3. 班级优秀习作《记一次游戏》。

[阶段反思] 学生第一次体验按顺序清楚记录游戏过程、表达想法和感受，因此存在一定的困难。通过本单元课文回顾和优秀习作的阅读，学生能顺利地找到应对方法。

【板书设计】

记一次游戏

按顺序：游戏前、游戏中、游戏后

写清楚：人物、动作、神态……

感受：快乐、刺激、搞笑……

【教学反思】

  从单元主题切入，带着学生感知单元主题图，阅读单元要点，指引他们自己发现本次习作课的重难点，获得本次习作的目的及方法。课堂中，教师结合主题设计了游戏，让学生在游戏中体验、在游戏中感知，为课后的习作打下基础。同时，教师还在课堂上引入了平板电脑，让学生在学习的同时感受科学技术给学习生活带来的便利。好玩的游戏加上新颖的工具，可以说这是一节有趣又创新的作文教学课。整堂课学生始终兴致盎然，完完全全地沉浸在了学习的快乐之中。

  这堂课时时处处都在引发学生真实的情感体验和反馈，是一堂实实在在引领学生参与体验的作文课。"这节课以文本为起点，以任务情境为原点，以学生活动为支持，以语文素养为内核让共享阅读在学生的欢声笑语中达成。"

（供稿：四川大学附属实验小学江安河分校　胡　平）

## 阅读主题：走进动物朋友，点燃阅读激情
### ——群文阅读《白鹅》《猫》《白公鹅》

【适用年级】

四年级（下）

【阅读要素】

#### 一、人文要素

培养学生在生活中留心观察身边事物，学会表达自己的感受，尝试从独特的角度去发现动物各自的特点，感受生活中的乐趣。

#### 二、语文要素

让学生通过体会作者是怎么表达对动物的情感的，学习作者的写作手法，从而写自己喜欢的动物，并写出特点。在阅读中培养学生的理解能力、思维能力和写作能力。

【情智要素】

#### 一、情境与知识

让学生对比阅读三篇描写动物的文章，在阅读中梳理作者文章结构、写作手法、独特的表达方法和传递出的情感，试着写出自己喜欢的动物的特点并表达自己的情感。

#### 二、情趣与智能

通过自主阅读、表演趣读、对比阅读等方式，让学生层层深入地了解动物的特点，体会作者表达的情感，再通过小组讨论交流所得，梳理并学习作者独特的表达方式。

#### 三、情志与智慧

引导学生结合文本与生活经验，感受动物朋友的可爱，发现生活中的乐趣。培养学生保护动物、与动物和谐相处的意识。

【教学环节】

一、前置学习

[设计意图]通过细读《白鹅》一文，让学生体会动物的特点和作者独特的表达方式以及传递的情感；再对比阅读《猫》和《白公鹅》，引导学生发现三篇文章的相同和不同之处，培养学生的阅读能力和思维能力。

(一) 阅读书目

1.《白鹅》。
2.《猫》。
3.《白公鹅》。

(二) 资料采集

1. 课前调查学生最喜欢的动物是什么。
2. 阅读材料搜集。
3. 净角出场的视频、教学PPT。

二、教学设计

(一) 自主阅读，整体感知

[设计意图]四年级是培养学生阅读能力、思维能力和写作能力的关键时期。此时学生的逻辑思维能力增强，可以进行三篇文章的对比阅读。

1. 自主阅读。

学生自主阅读三篇文章，了解文中描绘的白鹅、猫、白公鹅的性格特点，并勾画相关语句，体会作者表达的情感。

2. 组内分享。

学生在小组内分享自己分别是从哪些词、句、段，甚至是标点符号看出该动物的性格特点以及作者的情感的。

3. 品读悟情。

学生朗读勾画的体现动物性格特点的地方，在朗读中体会动物的可爱和作者的喜爱之情。

[阶段反思]放手让学生自己去读、去悟，整体感知三篇文章的特点，为下一阶段的学习做好铺垫。

（二）细读品味，体会情趣

[设计意图]通过细读《白鹅》一文，引导学生发现文章中的独特表达方式，激发学生的阅读兴趣，提升学生的阅读能力。

1. 品味"高傲"。

学生通过阅读，明白本文作者丰子恺先生是通过"叫声""步态""吃相"三个方面来具体描写鹅的"高傲"。

（1）叫声"高傲"。

学生找出表现鹅叫声特点的词语，如"厉声大叫""厉声叫嚣""引吭大叫"，通过理解这些词语来体会鹅叫声的"高傲"。

（2）"步态"高傲。

教师播放净角出场的视频，体现鹅的步态，并与常见的鸭子做比较，让学生进一步理解鹅步态的"高傲"。

（3）"吃相"高傲。

学生首先要默读第四自然段，抓住关键词认识"吃相"，从文中找出什么是"三眼一板"的吃相，思考鹅吃饭的顺序能否交换，再进行趣演。在表演中让学生进一步理解什么是"三眼一板"，深入体会鹅吃相的"高傲"。

学生用横线勾画出狗的表现，用波浪线勾画出鹅的表现；在阅读中想象"狗抢鹅食"的画面，体会作者是如何通过对两种动物的对比描写，把鹅的"高傲"体现得淋漓尽致的。

2. 体会情感，总结写法。

教师小结：作者用总分的文章结构具体描写了白鹅"高傲"这一特点，并通过细节描写、对比描写和运用一些看似贬义的词语等方式表达了对白鹅的喜爱之情。大家要感悟并学习对比、明贬实褒等写作手法，体会作者用词的准确生动和表达的幽默风趣。

[阶段反思]这一教学环节紧紧围绕需要学生掌握的语文素养开展，联系上下文和生活实际让学生理解词句、体会文本。通过播放净角出场的视频，把这些较为抽象、离学生生活较远的内容更直观地呈现在学生面前，达到了一个生动、形象的效果。同时在教学中教师将学文与表演结合，最后梳理作者的写作手法和表达方式，加强了学习方法的迁移。

（三）学法迁移，对比阅读

[设计意图]以读促感。让学生在细读《白鹅》一文后，运用学习到的阅

读方法对比阅读同样描写动物的文章——《猫》《白公鹅》，进一步体会作者对动物的情感和独特的表达方式，梳理总结写作手法，为此后的仿写做好铺垫。

1. 阅读《猫》《白公鹅》。

学生自主阅读《猫》《白公鹅》，找出这两篇文章与《白鹅》在文章结构、写作手法和情感表达的相同和不同之处。

2. 组内交流，全班分享。

学生用表格的方式将三篇文章在篇章结构、写作手法、情感表达中的相同之处与不同之处梳理出来，在小组内进行交流分享，然后以小组为单位在全班进行汇报，其他小组及时补充。

3. 梳理总结。

通过与同伴的交流及教师的引导，学生梳理总结出：这三篇文章在写作时都抓住了动物的某个特点，用总分的结构进行了细致描写，并且都运用了明贬实褒的写作手法，均表达了作者对动物朋友的喜爱之情。

[阶段反思] 在教师的引导下学生通过共读、精读、对比读等方式不断深入理解、体会文中独特的表达方式，并且实时梳理总结，从而学以致用，能够仿照选文写一写自己喜欢的动物。

（四）小试牛刀，课堂仿写

[设计意图] 以读促写，渗透写法，让文章个性突出展现。渗透写作手法，为作文教学铺路砌砖，充实课堂。学生运用学习到的方法写一写自己熟悉的动物，不仅能体会动物朋友的可爱和语言的妙趣，还能进一步提高写作能力。

1. 学生借助上文中梳理出来的内容，仿照三篇文章的篇章结构、写作手法，选一个自己熟悉的动物进行仿写；运用细节描写、对比、明贬实褒等写作手法写出动物的某个特点，并表达自己的情感。

2. 同桌互相阅读对方的仿写，并给出修改意见。

[阶段反思] 把握阅读材料中的三个共同点，对写作进行针对性指导，结合阅读材料中作者独特的角度和表达方式，打开了学生的写作思路，渗透了多角度思考的写作态度。

### 三、拓展阅读

[设计意图] 拓展阅读更加广泛的书目，能够拓宽学生的阅读面，进一步培养学生的阅读兴趣，增强其情感认知，同时帮助学生积累更多的写作素材。

(一）推荐课后阅读书目

在本课结束后，学生的阅读兴趣正浓，特别是对于描写动物的文章。要把握时机推荐适合学生发展的相关书目进行拓展阅读。参考推荐书目如下：
1. 《狼王梦》。
2. 《第七条猎狗》。
3. 《斑羚飞渡》。
4. 《鸵鸟家族》。

（二）分享精彩片段和阅读感受

每星期利用班会课，学生在班级内分享在本周阅读的书籍中最打动自己的精彩片段，表达自己的感受。

（三）学生互相推荐书目

学生还可以利用班会课阅读分享的时机，将自己平时阅读到的值得推荐的书目分享给同学，教师引导学生说清楚推荐理由，从而达到阅读共享的目的。

[阶段反思] 阅读是终身的。对于正处于思维发展阶段的小学生来说，培养一个良好的阅读习惯是非常重要的。

【板书设计】

| 文章 | 相同点 |||
| --- | --- | --- | --- |
|  | 篇章结构 | 写作手法 | 表达情感 |
| 《白鹅》 |  |  |  |
| 《猫》 |  |  |  |
| 《白公鹅》 |  |  |  |

【教学反思】

本课选取的三篇文章都是描写我们身边的动物，在篇章结构、写作手法和情感表达方面都有明显共同点，大多数学生能够通过自读体会理解。对于文中的关键词句学生也能够通过联系生活经验或上下文等进行理解。在小组交流中学生的参与性强、积极性高。

四年级的大多数学生可以通过自读把握文章的基本内容，在课堂中学生的积极性高、参与面广，课堂气氛活而不乱，课堂环节环环相扣。在本课中教师是个引路者，在课堂充分发挥学生的主体性，引导学生边读边勾画、批注，调动形象思维参与文本解读，从对动物形态、性格等的描写中感受作者用词的生动、准确、幽默和表达方式的独特。这既培养了学生留心观察身边事物的习惯，又丰富了其语言积累，并且让学生能够抓住特点对事物进行描写，提高了写作能力。

本课重点培养学生的思维能力、阅读能力、写作能力，取得了较好的效果。选取对比点是比较阅读的关键，本课选取的三个对比点学生都能较好把握，对写作也具有较强的指导性，学生能够学以致用，将三篇文章的表达方式和写作特点运用到自己的仿写中，仿写的效果较好。

（供稿：四川大学附属实验小学　王　蕾）

## 第三章　高段沙龙阅读

　　沙龙阅读是一种轻松活泼的书友读书交流方式，大家可以围绕一本书或者一个主题发表自己的看法，一起朗诵经典段落，交流读后感，讨论书中热点话题，合作表演喜爱的情景剧。近年来家庭和社区沙龙阅读发展得比较迅速，学校也在不断探索沙龙阅读。

　　沙龙阅读在学校的推行源于书香校园的建设，致力于学生自主阅读习惯的培养和阅读能力的提升，是小学高段教学中开展得比较深入的一种共享阅读形式。

　　小学高段学生的思维已经逐渐由具体想象思维向抽象思维发展，阅读教学中批判性思维的培养尤为重要。沙龙阅读符合小学高段学生的需要，在轻松愉悦的氛围中有利于激发小学生读书的兴趣与激情，营造浓郁的读书交流氛围，帮助学生开阔视野、丰富知识、陶冶情操，提高学生的文化底蕴和文化修养，让学生懂得思考，成为"有思想的阅读者"。

　　让我们走进高段沙龙阅读课程，读美文，诵经典，走近古人，畅谈读书的方法和乐趣；读思入画，品四季动态静态之美；对比阅读，由"物"及"人"，体会借物喻人的写法；紧扣立意，精心选材，享受言之有"序"、言之有"意"的快乐；抓住关键字眼，品析诗歌的意境，深入感受诗人的情感和送别诗的独特魅力吧！

## 阅读主题：古人谈读书
——共享阅读《论语（选段）》《读书有三到（选段）》

【适用年级】

五年级（上）

【阅读要素】

一、人文要素

激发学生对阅读的热情。

二、语文要素

学生能诵读文言文，学习古人读书的方法；根据表达的需要，结合自己的思考，学习围绕重点表述。

【情智要素】

一、情境与知识

让学生能正确、流利地朗读课文、背诵课文。

二、情趣与智能

通过《论语（选段）》和《读书有三到（选段）》的学习，帮助学生借助注释，说说课文大意，并联系自己的读书体会，结合自己的学习感悟，交流读书心得。

三、情志与智慧

引导学生畅谈读书的方法和乐趣，激发学生读书的兴趣。

【教学环节】

一、前置学习

［设计意图］进入小学高段，学生的文言文学习已从单纯的读、背，开始转变为明意思、明道理，并由故事开始走进中华文化核心。本节课就是立足儒

家文化，有意识地引导学生通过文言文来触摸中华文化，深入了解文言文的特点；同时，联系自身由此及彼地展开思考，关照内心，激发对中华文化的认同感。

（一）阅读书目

1. 查找《论语》与朱熹的资料，提取主要信息。
2. 熟读《论语（选段）》和《读书有三到（选段）》，并能借助注释或其他方法，说出课文意思。

（二）资料采集

搜集与读书相关的格言，摘抄自己最喜欢的格言，并说明喜欢它的理由。

## 二、教学设计

（一）检测导学单

[设计意图] 五年级学生已经能够联系上下文和自己的积累理解文本意思，也能按照要求查找资料。所以，提前设置导学单，能更好地提升学生的自学能力，还能帮助学生实现与文本的初次对话。这里的检测即检测学生自学情况，以便更好地落实学生的自学效果。

1. 读准字音。
（1）教师检查学生导学单完成情况。
（2）学生朗读并尝试解释下文。

知之为知之，不知为不知，是知也。

默而识之，学而不厌，诲人不倦。

（3）教师明确字音与意思：知，同"智"；识（zhì），意为记住。

2. 明了字义。
（1）教师展示 PPT，解释两篇文言文里重复的字的含义。

| 敏而好学 | 好古 | 好：喜好 |
| 余尝谓读书有"三到" | | 尝：曾经 |
| 吾尝终日不食。 | | 尝：曾经 |
| 敏而好学。 | | 敏：聪敏 |
| 敏以求之者也。 | | 敏：勤勉 |

（2）教师指定学生尝试解释以上句子。

3. 明确古今异义字。

（1）教师引入：有些字、词现在使用较少，但在文言文中却非常重要。这就需要我们更准确地明了。

（2）教师指定学生说出下列字、词的意思。

心到最急。　　　　　　急：重要，紧要
眼口岂不到乎？　　　　岂：难道
漫浪诵读　　　　　　　漫浪：随意
不耻下问　　　　　　　耻：以……为耻

[阶段反思]利用导学单，让学生提前与文本进行了初次接触。熟读文本，小学高段学生完全能在预习中完成，但读通、读顺就不一定能做到。因为文言文中有很多字词学生难以理解，不理解就不能把实词读准确、虚词读实在，所以第一环节需紧扣重点字词的理解，落实文言文学习的第一步"都正确"。

（二）读析《读书有三到（选段）》

[设计意图]《读书有三到（选段）》虽然在课文中被作为第二则文本，但因为表达简洁、语句连贯，学生更能理解，所以教师可以指导学生先学。学习这则文言文，要抓住题眼"三到"，由浅入深，了解何为三到、哪到最急，最后落到"古人"朱熹，由此实现由文识人的思维进程。

1. 学生自读思考：什么是读书三到？怎么知道的？

2. 教师引读课文。

余尝谓，读书有"三到"，谓心到，眼到，口到。心不在此，则眼不看仔细，心眼既不专一，却只漫浪诵读，决不能记，记亦不能久也。三到之中，心到最急。心既到矣，眼口岂不到乎？

3. 学生默读思考："读书三到"中哪到最急？为什么？

4. 教师小结：这篇文言文中，作者先提出观点，然后反面论证，讲心不到的弊端，后两句再正面论证，谈心到的好处。这则文言文既告诉了我们读书方法——三到，还说了读书的态度——专心。（板书：朱熹：心到、眼到、口到。）

5. 了解朱熹。

教师引入：用专心的态度读书，总结出读书三到的古人是谁？（学生回答：朱熹。）课前你们已摘录了朱熹的相关资料，请快速浏览提取信息，用一句话介绍自己印象最深刻的一点。

教师用PPT展示朱熹资料，并教授查找文化名人资料的方向。

[阶段反思] 文言文学习的一个重要方法就是读。这一环节从自读到引读，再到默读，学生充分地理解了"读书三到"的含义。但阅读不仅仅是理解文本意思，还是师生、生生、学生与作者对话的重要场域。所以，在这一环节最后，指导学生利用课前搜集的资料，结合自己对文本的理解，与作者对话，了解了朱熹在中华文化史上的地位，让学生从文本理解走向对中华文化的认知。

（三）学习《论语（选段）》

[设计意图] 这一则文言文的教学设计与上一则不同，是由介绍孔子到自读、质疑、读原文、交流、背诵等。"学而不思则罔，思而不学则殆"，所以要让学生始终在诵读与思考中行进。这一环节就完美演绎了学思并进的过程。

1. 介绍孔子。

教师引入：接下来我们走进《论语》选读，认识另一位古人——孔子。谁能按照刚才介绍朱熹的方法介绍孔子？

教师指定学生介绍孔子。

2. 学习课文。

（1）学生自读课文，联系自己的实际生活标注令自己印象深刻的话。

（2）学生自由交流，教师相机总结。（板书：孔子：勤奋、实事求是、谦虚、学为重。）

3. 教师鼓励学生质疑文中的观点。学生自由讨论交流"孔子是一个怎样的人"。

4. 教师引读原文。学生细细感受孔子谈读书。

子曰："由，诲汝知之乎，知之为知之，不知为不知，是知也。"

子贡问曰："孔文子何以谓之'文'也？"子曰："敏而好学，不耻下问，是以谓之'文'也。"

子曰："默而识之，学而不厌，诲人不倦，何有于我哉？"

子曰："我非生而知之者，好古，敏以求之者也。"

子曰："学如不及，犹恐失之。"

子曰："吾尝终日不食，终夜不寝，以思，无益，不如学也。"

5. 教师指导背诵。

[阶段反思] 文言文学习在于培养语言素养，提升思维能力，健全人格。在这一环节中，由学生介绍孔子切入，学生诵读《论语（选段）》后，鼓励学生质疑，通过质疑进一步认识孔子。这样的认知与之前有了差异。教师再引读原文，让学生又一次认识孔子。"旧书不厌百回读，熟读深思子自知。"这样反

复地诵读，反复地解读，《论语》中所蕴涵的文化之魂自然会扎根于学生心中；孔子作为至圣先师的人格魅力，自然也会刻在学生心中。

### 三、拓展阅读

[设计意图]阅读质量的提升不仅体现在阅读文本后对人物形象的了解、对文本内容的理解，还应体现在学生知识经验的积累以及创新意识的发展上。

（一）拓展阅读

古人有关读书的诗句。

（二）阅读要求

1. 请联系自己的读书经历进行诗句摘录，也可以结合课文与同学分小组自由交流。

2. 结合自己的感悟，摘抄或是创作一则读书格言，作为自己求学之路的座右铭，不断激励自己。

3. 学生展示，教师点评。

[阶段反思]最后这一环节中，学生结合课文及自己搜集的读书格言进行了交流，甚至创作出了自己的读书格言。在此任务的驱动下，学生的主动性得以提升，思维能力也得以加强。

【板书设计】

古人谈读书

朱熹：心到　眼到　口到

孔子：勤奋　实事求是　谦虚　学为重

【教学反思】

　　小学高段的文言文教学，需要做好小学与中学的衔接。小学阶段学生的思维处于由形象思维到抽象思维过渡的阶段，即使到了小学高段，他们的抽象思维仍然缺乏批判性和灵活性，再加上文言文与现代文相去甚远，字词晦涩，理解难度较大，学生兴趣不高。那教师该如何使学生产生学习的内驱力，帮助学生主动求知，推进文言文理解，助推学生思维的提升呢？结合《古人谈读书》教学设计，有如下体会。

### 一、立足字词自我理解，培养学生语文素养

　　文言文言简意赅，用词讲究，但由于文中有许多字词在现代生活中已不再

使用，学生理解就更为艰难。因此，根据小学高段学生特点，设计阅读导学单，引导学生将文本读熟、读顺、读通，再落实字词的检测。这一过程，既培养了学生的自学能力，让学生在自我阅读中获得个体独立认知，又让学生在反复诵读中，清楚明了文言文中凝练语言的作用，学习、寻找到理解文言文字词的方法，为初中文言文学习奠定基础。

### 二、教师少讲学生多读，提升学生的思维能力

语文学习要解决两方面问题，一个是思维的提升，一个是语言的运用。语文教学的目的就是通过运用语言来提升学生的思维能力。在这节课的设计中，就立足文言文特点，以读代讲，以读促思，引导学生通过多种形式的读，去理解、去思考，甚至在诵读中鼓励学生质疑；结合学生搜集的资料，带领学生分类整理、提炼、概括，不断地挖掘文本中最本质最有价值的内容，最大限度地提升学生思维的敏捷性、独创性、批判性和灵活性。

### 三、诵读文本，实现由语言到人物形象的感悟

好的文本，不仅传达一种思想的精髓，还能助推学生构建起对人的认知。《古人谈读书》包含两点：读书的方法、古人。教师与学生一起诵读文本，帮助学生在诵读中明了古人读书的方法，更为重要的是通过诵读实现与作者的对话，从而使朱熹、孔子两位中华文化巨匠的形象在学生的诵读中逐步丰满起来。这一形象的树立，就在学生心灵注入了中华文化的魂，扎下了中华文化的根，让学生心之所向、行之所往。

（供稿：四川大学附属实验小学　胡　宇）

## 阅读主题：读诗入画，品动态静态之美
### ——共享阅读《四季之美》《枕草子》《四时情趣》《春曙为最》

【适用年级】

五年级（上）

【阅读要素】

一、人文要素

四时景物皆成趣，让学生感受春之黎明的色彩变化美、夏之夜晚的朦胧情趣美、秋之黄昏的温暖美、冬之早晨的和谐美，激发其对大自然、对生活、对生命的热爱。

二、语文要素

引导学生初步体会课文中的静态描写和动态描写，学习描写景物的变化。

【情智要素】

一、情境与知识

通过本课学习，学生能认识"窠、旷、怡"等5个生字，会写"黎、晕、漆"等9个生字，理解"比翼而飞、心旷神怡"等词语意思；体会作者笔下春之黎明、夏之夜晚、秋之黄昏、冬之早晨的独特韵味；背诵课文。

二、情趣与智能

学生能在本课中体会到作者笔下春之黎明、夏之夜晚、秋之黄昏、冬之早晨的独特韵味；能抓住关键词句，如中心句、关联词，通过联系上下文，体会景物的动态美；能背诵课文，为学习作者的表达做准备。

三、情志与智慧

让学生体会作者对大自然、四季美景的喜爱之情。

## 【教学环节】

### 一、前置学习

[设计意图] 导学引路，厘清脉络，课前利用导读单让学生自主通过字词关，厘清文章铺陈顺序，以便更好地理解课文。

（一）阅读书目

1. 日本作家清少纳言《枕草子》。
2. 周作人、林文月《四季之美》的译文。

（二）资料采集

1. 课前观察日出时云彩的变化、夏天夜晚的景色。
2. 教学 PPT、导学单。

### 二、教学设计

（一）借助导学单，检查自学情况

[设计意图] 学生借助导读单学习后，检查学生自学情况，针对反馈出的问题，重点解析学生没掌握的内容。

1. 教师课前出示课文中最具特点的带有叠词、生字的短语。
2. 教师检查自学情况，通过字理识字告诉学生易错字"黎"指收割黍米，让学生在观察、跟写、练写中掌握该字的正解书写方法。

[阶段反思] 小学高段学生已具备了字词的自学能力，导学单可以节约教学时间，为共享阅读留下更多的时间。

（二）搭建支架，明结构之美

[设计意图] 让学生找出每段中心句，在共享阅读中发现作者的表达特点；回顾前文，掌握文章的主要内容。

1. 教师引入：自由朗读课文，感受课文的视角美、结构美、音韵美，勾画出作者眼中四季最美的是什么，分别找出春天、夏天、秋天、冬天这四段描写了什么景物？把你勾画的句子读给伙伴听，并说说你的感受。（用 PPT 展示中心句。）

春天最美是黎明。

夏天最美是夜晚。

秋天最美是黄昏。

冬天最美是早晨。

2. 回顾前文，掌握学习要领。

（1）微课学习21课的要领。

（2）思考：怎么读出文字描绘的景象？

[阶段反思] 在交流中感悟，作者不是笼统地描写春、夏、秋、冬的景物，而是关注了四季具有代表性的四个时间段，用上了中心句。这样的散文使用相同结构的段式，体现了行文美、结构美，读起来更具有音韵美。回顾前文，既是总结复现，也是让学生用相同的方法继续学习。

（三）品读感悟，赏动态之美

[设计意图] 通过先读后思引领学生逐步入画，感受作者笔下秋之黄昏的动人情趣。

1. 学生自由朗读第三段"秋之黄昏"后开展学习活动。

独学要求：思考作者写了哪几幅画面，动态美表现在哪里。

合学要求：读一读自己最喜欢的画面，并与小伙伴交流感受。

2. 教师引导学生找出"秋之黄昏"中作者关注的两个时间段，并想象在这两个时间段中作者呈现的画面。

3. 教师带领学生欣赏第一幅画面，解析内容。

夕阳斜照西山时，动人的是点点归鸦，他们急急匆匆地朝窠里飞去。（可强调"窠"，让学生理解意思。）"急急匆匆地朝窠里飞去"，它们着急回家干什么呀？一个"归"字赋予乌鸦以人的情感，令人心动不已。

"成群结队的大雁在高空中，比翼而飞更是叫人感动。"比翼而飞是什么意思？你看过比翼而飞的大雁吗？想象一下，暴风雨就要来了，它们会这样提醒小伙伴："其中有只大雁掉队。"它们也会这样商量："是呀，是得回去找找，可不能让小伙伴落单啊！"多么团结、友好、善良的大雁呀！这种风雨同舟的情意更是叫人感动。

4. 教师带领学生欣赏第二幅画面，解析内容。

当夕阳西沉，夜幕降临，鸟儿们归巢了。你听到了什么声音？沐浴着秋天习习的风，听着耳边此起彼伏的虫鸣，心情如何？如果说夕阳斜照西山、夕阳西沉、夜幕降临呈现的是静态美，那点点归鸦、比翼而飞的大雁就营造了一种动态之趣。好一番迷人的秋天之美！秋天最美是黄昏。

5. 教师指定学生读。

[阶段反思] 引导学生抓住关键词"动人""更是叫人感动"这样的词句，从视觉而言，写出了秋之黄昏的归鸦、大雁的动态之美；从听觉而言，对比凸显出了夜幕降临呈现的静态之美。

（四）迁移学法，悟动静结合之美

[设计意图] 先扶后放，在前一阶段学习"秋之黄昏"后，学生已通过先读后思逐步入画，感受作者笔下秋之黄昏的动人情趣。本环节旨指向学以致用，让学生感受春之黎明的静态美及夏之夜晚的动静结合之美。

1. 教师提出自学要求。

（1）自由朗读一、二自然段。

（2）思考：作者描写了春之黎明、夏之夜晚的什么景物？分别抓住了景物的什么特征？

（3）读一读自己最喜欢的画面，并与小伙伴交流感受。

2. 师生讨论交流：夏天有三种夜晚，第一种是明亮的月夜，第二种是漆黑的暗夜，第三种是蒙蒙细雨的夜晚，作者最喜欢哪种？从哪里看出来？你最喜欢哪幅画面？

在交流过程中，教师强调重点理解关联词的表达效果，点明用上"也……即使……也"几个词语能把三种夏夜的美连缀起来，一层比一层细腻。

师生进行配乐朗读。

[阶段反思] 引导学生在共同阅读中抓住春之黎明时天空色彩变化的关键词，通过夏天三种不同夜晚的美感受静态美、动态静态结合之美。

（五）链接资料，推荐阅读

[设计意图] 通过自主对比阅读，让学生感受作者的内心以及她以独特视角呈现出的表达之美。

1. 教师引入：作者总会抓住生活中容易被人们遗忘或者是忽略的美的事物进行描写。所以说她有着一双善于发现美的眼睛，想去认识她吗？

（1）以大屏展示作者清少纳言的简介和图书《枕草子》的图片。

（2）分别出示周作人先生的译文和林文月女士的译文。

教师点明：虽然翻译的是相同的内容，但翻译者不一样，因其生活环境、知识背景的不同，就会有不同的语言表达方式，译文也有不同的韵味。

2. 推荐阅读：三个不同版本的《四季之美》译文或《枕草子》。

3. 教师总结：通过课文学习，我们能发现《四季之美》的结构美、词语美、视角美、表达美、志趣美。一草一木皆成趣，一山一水总关情。相逢一处美景，邂逅一篇好文，就是此生最美的时刻。

［阶段反思］通过关键词句，引导学生在共享阅读中感受动态美和静态美的韵味，从而学习到作者的表达技巧，为后文学习及仿写做准备。

### 三、拓展阅读

［设计意图］通过全班共享阅读进行思维碰撞，提升学生的鉴赏能力和表达能力。

**阅读书目**

1. 〔日〕清少纳言《枕草子》。
2. 周作人《四时情趣》。
3. 林文月《春曙为最》。

［阶段反思］以课文为桥梁，让"读—思—入画"这样的方法引路，使学生从一篇文本走向多篇，从而实现整本书阅读，培养学生对阅读的喜爱。

【板书设计】

<pre>
            四 季 之 美
静态成美    春之黎明   色彩美
            夏之夜晚   朦胧情趣美
            秋之黄昏   温暖美
动态成趣
</pre>

【教学反思】

在开展共享阅读时，为了突破重难点，教师以"最美"这一中心词为主线，采用创设情境、想象画面、读中感悟、联系生活等方法引导学生"朗读、品味、感悟"作者笔下的四季之美。首先从每个季节的典型景物中读出"最美"画面；再从字里行间品味生动简洁的"最美"动态；最后在细腻有序的表达中，学习作者的"最美"表达。同时以课文为桥，引导学生阅读更多的描写大自然美景的文本，感受动态和静态的美。

（供稿：宜宾市人民路小学　叶　莉）

## 阅读主题：借物喻人，由物及人
——共享阅读《野草》《四世同堂》

【适用年级】

六年级（上）

【阅读要素】

一、人文要素

让学生认识到《野草》激励民众面对强敌要不屈不挠长期抗战，《四世同堂》赞扬小说人物面对压迫奋起反抗，二者都弘扬了中国人民伟大的爱国主义精神和坚贞高尚的民族气节。

二、语文要素

让学生认识到《野草》用借物抒情、借物喻人的写作手法赞美了种子能屈能伸、有韧性、不达目的不止息的顽强生命力，象征了民众不可战胜的力量；《四世同堂》以深厚精湛的人物描写手法刻画了瑞宣、钱默吟等栩栩如生的形象。

【情智要素】

一、情境与知识

结合课文写作背景的介绍，引导学生理解课文内容和所想传达的思想感情，让学生学习借物喻人写作手法和人物描写手法。

二、情趣与智能

引导学生通过对照解读、品味重点句子深刻含义来领悟课文主旨，学习借物抒情、借物喻人写作手法和人物描写手法。

三、情志与智慧

在朗读和对照阅读过程中使学生体会到夏衍对野草生命力的高度赞扬，体会到老舍先生笔下人物像野草种子一般顽强的生命力、长期抗战的毅力以及能屈能伸、不畏艰辛、无比坚韧的精神。

【教学环节】

一、前置学习

[设计意图]《野草》和《四世同堂》,一个是短小精悍的散文,一个是鸿篇巨制的小说,表达的精神内核是相通的。开学初布置给学生充分阅读整本小说的学习任务,课前安排学生查找筛选抗战相持阶段的背景资料,有助于学生深入理解课文内容和小说人物性格特点。

(一)《四世同堂》阅读要求

1. 用三个月时间完成《四世同堂》整部小说的阅读任务,须在本课前完成。

2. 在小说中找到印象深刻的人物描写片段,勾画批注关键句子,着重注意主要人物——钱默吟、李四爷、祁瑞宣、祁瑞全,次要人物——刘师傅、小文夫妇。

3. 整理《四世同堂》勾画摘录内容,分小组讨论并选择一位人物进行重点批注。

(二)《野草》课前预习要求

1. 勾画摘录课文生字词语,有感情朗读全文。

2. 黑体字标注拼音:机械、解剖、竹笋、纷纭、哄笑、瓦砾、掀翻、韧性。

3. 查找筛选资料,了解什么是抗战"相持阶段",用简短的话概括出来。

4. 查找筛选资料,找到并摘抄能反映中日双方经济力、军事力、技术力等力量对比悬殊的内容(最好含有列数字、做比较等说明方法),以了解当时人们心里的想法。

二、教学设计

(一)谈话导入

[设计意图]用耳熟能详的古诗引入,让学生认识到野草的蓬勃生命力。

教师引入:"野火烧不尽,春风吹又生",这句古诗赞美了野草坚强不屈、生生不息的特点。今天我们学习的这篇散文《野草》赞美的也是野草种子的这种生命力。《野草》一文原名为《种子的力量》，这篇文章是夏衍在抗战相持阶段为《野草》期刊所写的发刊词。让我们走进文本感受野草这种"种子的力"。（板书：种子的"力"。）

[阶段反思] 本阶段为学生体会野草种子能屈能伸、不畏艰辛的精神作铺垫，打下情感基调。

（二）体会野草种子的"力"

[设计意图] 学生勾画、批注、朗读《野草》的重点句子，能为接下来的小说对照阅读作准备，从而感知到野草其实象征的是抗战中英勇不屈的人们。

1. 教师课件出示生字词语，提醒学生特别注意黑体字标注的易错拼音。

2. 学生分小组有感情地朗读课文一至五段，思考对课文题目和内容有什么疑问，同桌间进行讨论后汇报。

3. 教师引领学生进行总结：课文没直接写野草，而是先用大象、狮子、金刚与野草的种子进行对比。第六段又举了笋的例子，都是为了突出野草种子的"力"。

4. 学生默读课文内容，思考"这种子给你留下了怎样的印象，它有着怎样的'力'？"。学生找到相关句子并再次朗读，小组范围内根据关键词谈体会。

教师指定四个小组进行汇报。

（1）第一小组："这些种子便以可怕的力量，将一切机械力所不能分开的骨骼，完整地分开了。植物种子力量之大，如此如此。"从中感受到种子的力是一种"可怕的力"，还是"力量很大的力"。

（教师可追问：柔弱的野草为何是"可怕的""力量大的"？这句话中哪些词语引起了你们的注意？）

（2）第二小组：我们也感受到它的力量大，这里的动词"透""钻""挺"体现了野草种子的顽强不屈，所以种子的力还是一种"不可抗的力"。

（3）第三小组：种子的力还是"看不见的生命力"和"长期抗战的力"，是"有弹性的，能屈能伸的"。

（4）第四小组：种子的力还是"乐观的""坚韧的"。

（教师追问并相机板书关键词。）

教师总结：野草种子有一种与生俱来的斗争性，它因经受磨练而更加意气风发，野草的力量是一种强大的、韧性的、乐观的、有前途的力量。夏衍就是用这些野草的种子喻指那些坚持抗战的人们。

[阶段反思] 学生通过找关键句、关键词的方式，体会《野草》中运用的

借物抒情、借物喻人的写作手法，感知野草无论生长的条件怎样恶劣也不会悲观和放弃的斗争精神；知晓了分析句子要分清主次，不能平均用力，在句子理解上用时过多。

（三）对照阅读《四世同堂》

[设计意图]通过《四世同堂》与《野草》的共享阅读，使学生对《野草》借物喻人写作手法有更具体深入的认识，同时也引领学生开阔课外阅读的视野，认识并走近老舍先生这篇小说，感受老舍先生"人民艺术家"的语言魅力。

1. 教师引入：老舍先生的《四世同堂》讲述了抗战时期北平沦陷后生活在小羊圈胡同的祁家、钱家、冠家及其他居民，描绘了当时社会各阶层众多普通人的形象。请分小组讨论交流自己阅读《四世同堂》的收获，重点介绍一下哪些人物像野草的种子一样，让你感受到了他们的顽强不屈、不可抗，他们的能屈能伸，他们的乐观坚韧。

教师指定四个小组进行分享，每组围绕一个人物展开论述。

（1）第五小组：我们组汇报的是祁瑞宣。他虽不像祁瑞全那样离开家直接参与抗战，但他的身上有野草种子"能屈能伸的力"。（展示勾画的内容。）

（2）第六小组：我们组汇报的是祁瑞全。他是《四世同堂》中最直面抗争的人，他身上有野草种子"可怕的力"和"强大的力"。（展示勾画的内容。）

（3）第七小组：我们组汇报的是钱默吟。他的身上也有野草种子"顽强不屈的力"和"不可抗的力"。

（4）第八小组：我们组汇报的是冠晓荷。他就是文中所说的"玻璃棚中养育着的盆花"。

2. 教师总结：夏衍的《野草》让我们感受到了野草种子的力，老舍先生的《四世同堂》则为我们打开一幅生动的人物画卷，让我们深切体会到野草的斗争精神和抗战中人们的英勇不屈。《四世同堂》是老舍先生生前自认最好的作品，是一座民族主义文学的丰碑。我们要学习野草种子的精神，无论是民族危难之际还是国泰民安时期都要做有弹性、能屈能伸、乐观坚韧的"野草"！

[阶段反思]散文《野草》借物喻人，《四世同堂》则把野草这种斗争精神用人物描写手法进行了具象化。学生通过感知人物形象更深入地体会到了野草的精神，实现了由"物"及"人"。

三、拓展阅读

[设计意图]课堂之上的短篇散文和长篇小说的共享阅读起到了情感价值

观熏陶的作用，还要将这些正确的引导深入学生的精神内核之中。

（一）阅读书目

1.《四世同堂》。

2.《红岩》。

（二）阅读要求

1. 通过阅读文本了解生活中平凡而又不畏艰难的伟大的人。

2. 战争年代已离我们远去，然而，在任何时候生命的力量都是伟大的，生活中也有许多不畏艰辛、奋然向上的人，请写写他们的故事。

[阶段反思] 由"物"及"人"，由课文中的人，推及现实生活或者身边的人，才能更好地渗透这样的民族精神。

【板书设计】

群文阅读：《野草》《四世同堂》

可怕，力量大　　　　　　　　　钱默吟

顽强不屈，不可抗　　　　　　　祁瑞全

种子的"力"　　看不见，有弹性，能屈能伸　➡四世同堂的"人"　　小文夫妇

（长期抗战的"力"）　　乐观、坚韧的　　　　　　　　　　　　冠晓荷

【教学反思】

在课前教师提前布置课外阅读任务，学生有充足时间走进《四世同堂》小说中，对时代背景和当时人物的所思所想有了具体、丰富的认识，为《野草》教学搭建了良好的阶梯，学生对课文借物喻人的写作手法有了更深刻的认识。

需要提升之处有：首先，作为长篇巨著，《四时同堂》人物众多，人物性格多元，丰富的人物生活经历与凝练的散文语句还可以做更好的联结，指向性再明确一些，效果会更好，在课堂上引导学生从小说中找到描写那些英勇抗争人物的文字，再找出与此形成巨大反差的反面人物表现，这样能更好地达成教学目标。另外，个别学生提到《野草》中除了与野草种子作对比的事物，还有作为黑暗压迫力量的"石块"，可结合学生查找的历史资料进行更为深入的解读。

（供稿：四川大学附属实验小学分校　全建华）

## 阅读主题：紧扣立意，精心选材
——共享阅读《夏天里的成长》《盼》《忙碌的早晨》《索溪峪的"野"》

【适用年级】

六年级（上）

【阅读要素】

一、人文要素

让学生感受生物在夏天的生长变化大、速度快，感受儿童细腻、有趣的内心世界，感悟童真、童趣，体会作者对美好童年的怀念之情。

二、语文要素

让学生了解到要想清楚自己要表达的中心意思，围绕中心意思选材，从不同方面选材或选择不同的事例。

【情智要素】

一、情境与知识

让学生能确定课文及教师提供的选文的中心意思及选材，对比感悟围绕中心意思选材的方法。引导学生学习围绕一个中心意思，从不同方面或者不同事例选材。

二、情趣与智能

采用前置学习，并运用对比、分析、综合、评价、创造等学习方式，让学生掌握围绕中心意思选材的方法。

三、情志与智慧

体会在纷繁的材料中，围绕立意，从不同方面或不同事例选材，享受言之有"序"、言之有"意"的快乐。

## 【教学环节】

### 一、前置学习

[设计意图]让学生提前阅读完成导学单后，带着自己的自学成果走进课堂，能提高学习效率，激发其学习兴趣。

（一）阅读篇目

1.《忙碌的早晨》。
2.《索溪峪的"野"》。

（二）资料采集

1. 让学生课前阅读完成导学单，初步进行选材学习。
2. 教学 PPT。
3. 每人 1 张有作文要求的作文格纸。

### 二、教学设计

（一）检查预习，对比感悟

[设计意图]让学生课前通过表格填写（表一），对比发现两篇文章的不同点，初步领会要围绕中心意思选材。

1. 学生读单元页"以立意为宗，不以能文为本——（梁）萧统"这句话，说说意思。（作文不能只看重技巧，要看"立意"，把立意作为主旨、主要的努力方向。）
2. 学生说说预习时，自读这个单元的两篇课文后填写表格的情况，集体订正。

表一　自读文章理解情况表

| 课文 | 文体 | 中心意思 | 选材 | 材料特点 |
|---|---|---|---|---|
| 《夏天里的成长》 | 散文 | 夏天是万物迅速生长的季节 | 1. 动植物的生长（生物）<br>2. 山、地、河、铁轨、柏油路的生长（事物）<br>3. 人的生长（人） | 从不同方面表达中心意思 |

续表

| 课文 | 文体 | 中心意思 | 选材 | 材料特点 |
|------|------|----------|------|----------|
| 《盼》 | 记叙文 | 强烈盼望能够穿上新雨衣 | 1. 盼变天<br>2. 盼外出（详）<br>3. 盼雨停 | 选不同事例表达中心意思 |

[阶段反思]梁朝萧统的话，开宗明义，自然切入主题，让学生知道了本课的学习重点。而交流前置学习情况，可以了解学情，以学定教，提高教学的有效性。

（二）深度研学，选材有法

[设计意图]通过找关键词语，进行群词品读，感受植物生长迅速，从而让学生领悟到：围绕中心意思组织材料的同时，语言的组织也要紧紧围绕中心意思。同时，组织选取的材料时要按照一定的顺序，由表及里、由浅入深、由近到远、由物及人；选材要典型，不同事例都要围绕中心，而且要选其中最有意思、最能突出中心的事例，浓墨重彩，着力描绘，提高文章的感染力。

1. 聚焦群词，品读"迅速"。

学生依照以下要求品读《夏天里的成长》第二自然段。

（1）抓住关键语句，如"夏天是万物迅速生长的季节"，思考中心词"迅速"如何理解。

（2）群词学习。围绕"迅速"一词，有一系列词语非常亮眼，找一找，读一读。（飞快的长，跳跃的长，活生生的看得见的长。一天，一夜，昨天，今天，明天，几天不见，几天不见，个把月……）

（3）思考从以上词语中可以体会到什么。

2. 审视材料，感悟顺序。

学生再读《夏天里的成长》表格，看"选材"一栏，同桌之间讨论：为什么只选取了这些素材？你最佩服作者选取了哪些材料？"生物—事物—人"的顺序能否交换？为什么？

3. 对比感悟，选材典型。

（1）学生进行同桌之间的讨论：《盼》这篇文章，作者围绕新雨衣为何不写自己如何喜欢、爸爸批评我撒谎等。

（2）教师指定学生分角色读五至十五自然段"盼外出"，让学生感受典型材料要写详细、具体。

4. 观察表格，对比领悟。

教师小结：通过横向对比表格内容可以发现围绕中心意思选择的材料的内容以及特点；而纵向对比表格内容可以发现，不同文体可以根据需要从不同方面选择材料或者选取不同事例来表达中心意思。

［阶段反思］运用对比、分析、综合、评价、创造等学习方式，让学生掌握围绕中心意思选择材料的方法。初步体会选材要典型，要按照一定的顺序组织材料。让学生有情有味地分角色读"盼外出"部分的五至十五自然段，体会到这部分最能凸显中心意思"盼"，所以最具体、详细。学生从小作者"兴奋—失落—央求—不甘"的情绪变化中，深深地体会到了其强烈地期盼穿着雨衣外出的心情，让人会心一笑，人物形象跃然纸上。他们也真切地感受到了选取典型事例的妙处。

（三）延伸阅读，迁移训练

［设计意图］从增加的两篇选文，到"初试身手"中的材料选择，丰富了学生对"围绕中心意思选材"的认知，有利于学生知识的迁移，强化其选材意识。

1. 快读文本，捕捉信息。

学生分小组讨论两篇自选课文的中心意思、选材，调整自己的导学单。

《忙碌的早晨》是从小区的早晨、菜市场的早晨、家里的早晨、学校的早晨等不同方面突出了早晨的忙碌景象。

《索溪峪的野》是从不同方面选取材料突出中心，写了山是野的、水是野的、山上的野物是野的、人也是野的等几个方面。

2. 练习巩固，尝试选材。

学生研读本单元"初试身手"中题目为"戏迷爷爷"的材料，全班利用导学单讨论：文章选择了哪些材料，不选哪些材料？理由是什么？

［阶段反思］从教材文本走向拓展文本，帮助学生感受围绕中心意思选材的方法，把领悟到的方法投入实践，提升写作能力。

（四）联系生活，学以致用

［设计意图］由阅读文本，感受围绕中心意思选材，到写文本，围绕中心意思组织材料，是从阅读到创作，是质的飞跃。

1. 联系生活实际，学习运用选材。

教师引入：教室门口的博弈长廊是老师和同学们最喜爱的活动场所。今天我们就来写写它。看图，同样是描述的咱们教室门口的博弈长廊，比较两个命题"欢声笑语满长廊""美丽的博弈长廊"有什么不同？如何选材？

学生小组讨论后进行全班交流。

学生当堂练习选材，编写提纲。教师指定学生交流分享。小组内互评互改提纲。

2. 听故事，再悟选材之理。

教师讲故事，让学生明白组织材料写作正如蜘蛛先确定织网中心，再围绕中心精心织网。

故事内容：古代有个读书人，走了三百里路，去向大师请教写文章的诀窍。这位大师看了他的文章，把他带到树林边，指着一个蜘蛛网说："你不要拜我为师，你拜它为师吧。"那个书生对着蛛网呆呆地看了整整三天，忽然悟出了其中的道理，从此作出的文章大有长进，并且考场得意，中举成名。事后有人问他从蛛网中到底悟出了什么。他说："大师在告诉我，天下找不到一个没有中心的蜘蛛网，蜘蛛织网是先有网的中心，再一圈一圈地围绕中心编织网。同样的，一篇锦绣文章也是围绕一个中心编制而成的。"

3. 教师小结，学生再次朗读并领悟单元页上的那句话。

4. 学生完成作文。作文要求：既可以写刚评议了提纲的博弈长廊，也可以根据教材80页的提示，从"甜、乐、泪、暖、悔、望、迷、妙、变、忙、寻、让"中选一个字来写。

[阶段反思]学生通过对比可以发现，第一个题目的中心意思可以浓缩为"乐"字，第二个题目则是"美"。这样就和本单元的习作要求"选一个字写一篇作文"链接上了！通过这一练习，学生可以真切地感受到，虽然是写同一个事物——博弈长廊，但是因为立意不一样，中心意思不一样，选材也就完全不同。学生当堂完成提纲，利于互动，能让学生不断修正，掌握学习重点。以故事结尾，形象生动地回顾了本节课的学习重点——围绕中心意思选材的方法，学生乐于接受。单元页这句言简意赅的话，犹如画龙点睛，给学生留下深刻的印象，利于其获得本节课培养的核心能力。

### 三、拓展阅读

[设计意图]课后推荐学生阅读名家名作《俗世奇人》。该书各篇文字极精短，所讲之事多以清末天津市井生活为背景，均取材自长期流传津门的民间传说。每篇专讲一个传奇人物的生平事迹，选材精当，人物形象跃然纸上，令人惊叹不已。

**阅读书目**

冯骥才《俗世奇人》。

[**阶段反思**] 拓展阅读名家名作，可以让学生再次感受围绕中心意思选材，感受到大家语言的魔力、表述的生动，促进学生走进更广阔的阅读天地。

## 【板书设计】

围绕中心意思选材

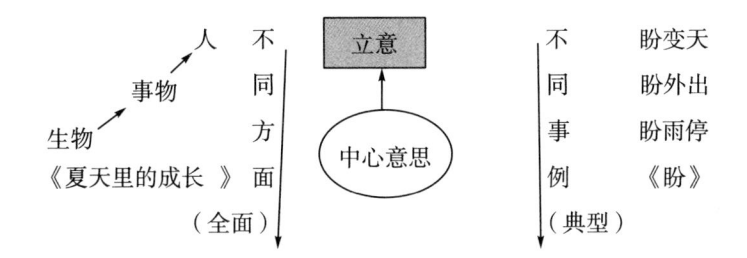

```
            人                           盼变天
         ↗      不                   不   盼外出
     事物       同    [ 立意 ]        同
  ↗            方       ↑            事   盼雨停
生物           面     中心意思         例
  《夏天里的成长》                        《盼》
           （全面）                     （典型）
```

## 【教学反思】

《叶圣陶教育箴言》中说："读和写是听和说的发展，绝不是两码事，凡是语文教师，对这一点必须确信不疑，始终贯彻在教学工作之中。""国文教学自有它独当其任的任，那就是阅读与写作的训练。学生眼前要阅读，要写作，至于将来，一辈子要阅读，要写作。这种技术的训练，他科教学是不负责任的，全在国文教学的肩膀上。"

本课选择了散文、记叙文各2篇，正是要通过整合、比对、分析、综合、评价、创造等方法，训练学生的逻辑思维能力，培养其创造性思维，指点学生掌握"围绕中心意思选材"这个"技术"。

单篇的文章学习是零散的。本课运用导学单让学生进行前置学习，课堂上通过感悟方法、迁移经验、联系生活实际等一系列的教学步骤和"联系比对、整合研学、自主合作"等方法，关注关联性，注重结构化，让组文发挥"1+1＞2"的效果，让学习内容与生活实际、创新思维和应用能力发展"对话"，最终帮助学生掌握围绕中心意思选材的方法。

（供稿：四川大学附属实验小学　武晓莉）

## 阅读主题：一种分别，多样情
### ——共享阅读五首送别诗

【适用年级】

六年级（下）

【阅读要素】

一、人文要素

让学生了解到，送别诗是我国古代诗歌的重要主题，抒发诗人的离别之情；送别诗是作者送给特定的友人的，流传下来就成了前人送给后人的文化遗产，形成了中国独特的"送别文化"；送别诗中，常常出现折柳留客、歌咏达情、饮酒寄情。

二、语文要素

让学生了解到，千百年流传下来的送别诗，蕴含着丰富的文学意象，需要读者去品鉴其中的意味，如：柳枝、清酒、长亭、南浦、浮云、西风、日暮等；送别诗与其他诗歌一样，用比喻、拟人、象征、典故等贴切的修辞手法，增强诗歌的意境美和情感的真切。

【情智要素】

一、情境与知识

引导学生借助注释，读懂古诗的大致意思，并能用自己的话说一说。

二、情趣与智能

引导学生抓住古诗中的关键信息，自主初次完成个性化导学单的设计；通过课堂上倾听老师、同学的建议，完善导学单；在纵向比较导学单项目内容中发现送别诗的特点。

三、情志与智慧

引导学生抓住关键字眼，品析诗歌的意境，深入感受诗人的情感和送别诗的独特魅力。

【教学环节】

一、前置学习

［设计意图］小学六年级学生正面临与小学生活告别的现实，他们在这样的特殊时期，内心有强烈的情感需要正确抒发，因此，要引导学生感受古代诗人丰富的情感世界，学习古代诗人面临同样的人生问题时如何表情达意，摒弃往年随意、苍白、低俗的同学寄语现象，尝试真诚、艺术地表达离别之情。

（一）阅读书目

1．《折杨柳》唐·张九龄。
2．《于易水送人》唐·骆宾王。
3．《谢亭送别》唐·许浑。
4．《闻王昌龄左迁龙标遥有此寄》唐·李白。
5．《别离》唐·陆龟蒙。

（二）资料采集

1．课前自主阅读五首送别诗。
2．准备一张 A4 纸，自主设计比较学习导学单（可参考表一）。
3．根据注释，理解诗歌大意，完成导学单的填写。

表一　导学单——自立选项巧比较

| 题目 | | | | |
|---|---|---|---|---|
| 《折杨柳》 | | | | |
| 《于易水送人》 | | | | |
| 《谢亭送别》 | | | | |
| 《闻王昌龄左迁龙标遥有此寄》 | | | | |
| 《别离》 | | | | |

## 二、教学设计

（一）诵读积累，铺垫素材

[设计意图]唤醒学生已有的诵读积累，与新课的主题"送别诗"产生关联，把新旧知识熔为一炉，巩固旧知，品出新意。

1. 教师引入：人有悲欢离合，月有阴晴圆缺。人们在面临分别时，往往有难以言明的离愁别绪，但不同的人面对离别，又有不一样的表现。今天，我们一起从古诗词中探究古人的送别文化。（板书：送别诗。）

2. 学生回忆、背诵与送别有关的古诗词。（抽两名学生诵读，例：《赠汪伦》《送元二使安西》《别董大》。）

3. 教师指导学生齐声诵读出诗人王维写《送元二使安西》时的情感，酝酿学习送别诗的情感基调。

[阶段反思]学生随口就来的送别诗增强了其学习的主动性和自信心。再次诵读后，学生感受到了本学期学习的《送元二使安西》中蕴藏的情感，为后面的挑战学习奠定了良好的情绪基础。

（二）互动交流，多元比较

[设计意图]比较学习的方式在小学高段的语文学习中经常使用，学生已经具备多角度比较的能力，当然，这种能力是有差异的。因此，课堂上让全体学生交流分享后再次进行比较学习，一定会有新的收获。

1. 男生、女生分别有感情地朗读五首古诗，教师指导正音。

2. 教师指定学生分别说说五首古诗的大意，初步体会诗人表达的思想情感。

3. 学生谈一谈自己课前从哪些角度对比学习了这组古诗。

4. 教师根据学生的发言，梳理以下几方面的比较学习。（诗人、朝代、人物、地点、诗中事物、送别方式、诗眼、情感、写作方法等。）

5. 学生自主修改或增补比较项。

6. 教师指定学生汇报每一项的填写内容，师生相机评价。学生订正批注。

[阶段反思]学生通过朗读、说说大致意思、汇报课前预习的部分内容等浅层次的学习活动，做做大脑"热身操"，能尽快进入学习状态，为进入高阶思维训练打下基础。比较项目的分享、增删都充分尊重学生的选择，学生作为学习的主体存在感增强，体现了课堂的开放性和多元性。

## （三）小组探究，总结发现

**[设计意图]** 这几首古诗的信息量比较大，需要学生在课前自学的基础上参与小组交流学习，以培养学生"自主＋合作"学习的能力。在集体讨论分享过程中，学生还能提升综合分析的高阶思维能力。

1. 用PPT展示表二内容，即呈现前一个环节学生口述的表格内容，围绕主题"竖着看，你发现了什么？"开展四人小组探究学习，合作学习完成后推荐一名发言人进行全班交流。

表二　比较分析见规律

| 题目 | 诗人与朝代 | 人物 | 地点 | 送别方式 | 写作方法 | 诗眼情感 |
|---|---|---|---|---|---|---|
| 《折杨柳》 | 张九龄，唐 | 妻子丈夫 | 故园 | 赠柳 | 外貌动作 | 愁：依依惜别 |
| 《于易水送人》 | 骆宾王，唐 | 诗人友人 | 易水边 | 唱歌 | 联想用典 | 寒：心寒意冷 |
| 《谢亭送别》 | 许浑，唐 | 诗人友人 | 谢亭、劳歌 | 唱歌、喝酒 | 用典象征 | 远：孤寂伤感 |
| 《闻王昌龄左迁龙标遥有此寄》 | 李白，唐 | 诗人王昌龄 | 龙标 | 赠诗 | 拟人象征 | 愁：惺惺相惜 |
| 别离 | 陆龟蒙，唐 | 诗人友人 | 他乡 | 舞剑、喝酒 | 议论抒情 | 志：豪迈雄壮 |
| 发现 | \multicolumn{6}{l}{1. 送别地点：长亭、渡口（渭阳、南浦）、桥边<br>2. 送别方式：折柳、唱歌、饮酒、写诗<br>3. 情感异同：同——不舍；不同——愁、寒、豪迈……} |

2. 在学生的分享交流中，教师相机指导并总结规律，包括送别对象、送别地点、送别方式等特点。

教师小结：分别有不同的方式，诗人情感也不完全一样，难怪古诗中这一主题的诗数量不菲，读者却没有重复之感，其中的缘由我们已经略见一二。

3. 学生自由交流独特的发现。（例：我发现诗中经常出现杨柳、桥、水、酒等事物。）

**[阶段反思]** 开始学生还不太善于根据各项目比较意义的大小进行取舍，容易选择意义不大或者作者学识水平不足以支撑的项目，比较的结果过于简单。后来学生就能在地点、活动、写法、情感等大有空间的项目中去发现深

思，获得感愈加强烈。

（四）小试牛刀，学创古诗

[设计意图]往年的毕业生流行写同学寄语，但是寄语随意、搞笑、苍白、低俗的情况非常普遍。通过这个环节，可以引导学生大胆尝试写送别诗，开启不一样的毕业季书写活动，让学生真诚、艺术地表达离别之情。

1. 教师引入：同学们，我们即将和小学六年的生活告别，跟相处六年的老师、同学、校园说再见。请大家也模仿古人写送别诗，把离别的情感用写诗的方式抒发出来。

2. 填词。以宋朝一位无名氏的诗作为蓝本，让学生尽情发挥再创作后，教师出示原文，让学生在齐声朗诵中感受彼此的差距。

送别诗                              送别诗（原文）
（    ）青青著地垂，            （杨柳）青青著地垂，
杨花（    ）搅天飞。            杨花（漫漫）搅天飞。
柳条折尽（    ），              柳条折尽（花飞尽），
（  ）行人（    ）。            （借问）行人（归不归）。

3. 课外独立创作完成一首送别诗，表达情意的对象可以是同学、老师，也可以是校园。

[阶段反思]学生通过"填词"练习活动，既可以运用送别诗中常出现的事物、常运用的修辞手法，还可以拓展强化本节课学到的古诗的韵律、押韵等技巧。教师特意降低这个环节难度，增强学生兴趣，为下一步学生自主完成创作奠定基础。课外完成这个作业，可以给学生更多阅读借鉴送别诗的机会，也可以让他们更加从容地与同学、老师或者家长探讨，为酝酿出佳作留足空间。

### 三、拓展阅读

[设计意图]课后推荐学生进行自主阅读或者与好朋友共享阅读，是想帮助学生从不同的角度去阅读送别诗，让他们不仅能更清晰地感受诗人与友人间深厚的情谊，还能大致梳理出他们的人生轨迹。这是拓展阅读的特别馈赠。

**阅读书目**

1. 李白写给杜甫的送别诗。
2. 杜甫写给李白的送别诗。

[阶段反思]在这一课中，学生进行自主阅读或好友共读，并用思维导图的方式绘制出李白和杜甫的人生轨迹，深入体会到了两位诗人与友人之间的情

感的异同，还简略分析出了产生这种情感差异的原因。

【板书设计】

　　　　　　　　　多元比较
　　送别诗词　　　总结发现
　　　　　　　　　学以致用

【教学反思】

　　这是教师自主设计的一堂古诗教学课，所涉及的五首古诗均来源于四川省教育科学研究院编写的《同步进阶阅读》。教师发现这组阅读材料非常契合六年级下期学生的实际情况，理由在于：第一，学生面临人生的第一次群体性离别；第二，学生已经诵读了大量的古诗词，并且掌握了较为系统的阅读古诗词的方法；第三，学生已经多次尝试过对古诗词的模仿创作。鉴于此，教师在设计教学中，充分尊重学生的学习心理和学习现况，大胆带领他们走进这块看似简单，却又深奥神秘的古诗词群文阅读分享课。

　　在课堂中，特别让学生感受到学有所获、学有所乐的环节有以下三个：第一，学生在自由交流汇报课前导学单后，教师指导他们有所甄别地增删自己的导学单，而非整齐划一地按一个模板修改，让学生领会自主思考、抉择的价值。第二，学生在完成导学单的集体汇报、统一认知后自得自满时，教师出其不意地让他们把表格内容一项一项纵向对比，深入探究，驱使大家齐心努力。学生最终发现了送别诗的特别之处，收获了真知灼见的喜悦，无以言表。第三，当教师在最后几分钟布置学生创作送别诗时，有的学生畏难了。不过，再看到用PPT展示的填词作诗的形式后，大家又立刻摩拳擦掌，争相填词，再诵读原文，有一种与诗人一决高下的痛快。这一级小台阶源于教师对学生真正的了解与关爱，不仅让他们体验了"品佳肴"的愉悦感，还让他们尝试了"做佳肴"的成就感。

（供稿：四川大学附属实验小学　许艳丽）

# 情智篇

　　"情智篇"以学生的视角为大家呈现了一张张鲜活的图片,再现了共享阅读的精彩瞬间。这里,有校内师生妙语导读,大家自由畅谈的激情;有信息技术背景下,师生在网络平台上共享阅读的欢愉;有置身语言文字的情境中后,情动而辞发的深沉……

　　走进"情智篇",你能发现共享阅读尊重了学生已有的生活经验,尊重了学生语言发展的规律,搭建起校内外阅读的桥梁,让阅读成为师生的生命之旅。

　　走进"情智篇",你能明了共享阅读的意义:探寻人性中的纯真,培植人性中的至善,实现精神上的对话,最终实现在阅读中使师生情深智长,情智并发。

# 学校　我们阅读的天地

我们的学校就是我们的阅读天地。在这里，我们创建自己的书库，书库凝聚着老师、父母对我们的关爱；在这里，我们开设自己的课堂，交流阅读感悟，娓娓诉说阅读的精彩，我们也会激烈辩论。在学校——这块阅读的沃土上，我们播下了读书的种子，我们探究语言的秘密、欣赏文学的魅力、感悟中华文化的辉煌。我们的理解变得有深度了，我们的思考变得深邃了……这个感觉真的很棒！

小小的书橱，浓浓的书香。建立、完善、利用好家庭、班级和学校三级阅读书库，让书香伴我成长，让阅读成为一种习惯。

拈"花"含笑 情智并茂——小学共享阅读实践与研究

我们会利用课间和午休时间对班级图书角的书目进行登记和整理，在课外或者综合实践活动课进行自由阅读。

生日，见证着我们的成长；礼物，表达着父母对我们的希望。瞧，这是我们过生日时爸爸妈妈送给我们的礼物——经过精心挑选的书籍。我们的生日在书香的浸润中芬芳馥郁。有了书籍这份"生日礼物"的助力，班级书库得到了极大的充实。

情智篇

瞧！我们这个学习小组的分工多么明确，讲解员、放映员、板书员，还有一个同学静立在旁，自然是见机行事的秘书了！

静静的课堂，静心的阅读，在我们小组的共同阅读中，我的心平静了下来，我的思维活跃了起来。相信，老师们也被我们的阅读磁场吸引住了！

不动笔墨不读书！边读边批注，这可是读书的好方法哟！

## 拈"花"含笑 情智并茂——小学共享阅读实践与研究

每次的"读书沙龙"都是属于我们的一次舞台剧展示。我读书，我快乐；我分享，我们更快乐！

周末我们读书看报，报上有许多内容搞不懂怎么办？不着急，周一就有我们的阅读交流课。在这节课上，大家自由交流，一切都会"拨开云雾见青天"了！

实在搞不懂怎么办？这不，一个同学自信满满地开始给我们"咬文嚼字"，真让我们心服口服！

情智篇

校园的每一处都成了我们享受阅读的好地方。每两周一次的百合书苑的阅读课更是我们最愉悦的时光。静静地阅读，自觉归还书籍、整理书架，这已经成为我们的习惯。

## 生活　我们实践的乐园

读万卷书，还得行万里路。在我们阅读了大量图书的同时，老师还解放了我们的头脑、双手、双脚，给予了我们广阔的空间、充裕的时间，让我们用双脚在自由的生活中"阅读"。在这里，我们欣赏到"采茶溪路好，花影半沉浮"；在这里，我们明了了"沧海桑田、世事变迁"；在这里，我们探寻"日新月异、翻天覆地"……书中丰富的知识，打开了我们的心；眼前广阔的天地，照亮了我们的眼。

我们住在地球村！这天，放学了，我们仍背着书包不愿意离去。跟着老师"阅读"地球，让我们拥有了整个世界！

情智篇

我们走进校史馆，了解学校的发展史。

公益阅读，扬帆远航。好书悦读漂流，我们一直在行动！

快乐七十二，文明小使者。瞧，就算我是一年级的小朋友，但是班级书屋的海报我们也能创作出来，还在老师的带领下开始散发哟！

205

拈"花"含笑 情智并茂——小学共享阅读实践与研究

外出的社会实践，让我们动手、动脑，互帮互助，享受到了"我创作，我快乐，我们合作，更快乐"！

我们走进气象学院，知晓了如何利用各种仪器检测每天的天气变化。

206

情智篇

在科技馆我们明了了科技方能兴国！

参观四川大学博物馆，让我们在时间的河流中漫溯，探寻古人的智慧。

春天，我们漫步百合溪谷，赏一树绚烂的樱花。真可谓"人面樱花相映红"！

碧云天，黄叶地。我们的课堂来到了川大校园。纷飞的银杏叶化作一只只金黄的蝴蝶，也画出了我们金灿灿的校园生活。

情智篇

清明前，我们做山童，背着竹笙采山茶。

假日，我们走进羌寨，在蓝天白云中欢呼，在青山碧水中跳跃。

## 创作　我们翱翔的天空

共享阅读，积累了我们的词汇，丰盈了我们的生命，让我们多了一双"眼"看世界。我们，走进了历史，穿越时空和古人对话；我们，走向了世界，感受着不同的人、不同的情感；我们，走进了五彩斑斓的新空间，探寻到放飞自我的天地……

在老师的启迪下，我们开始创作，开始交流，我手写我心，我口述真情。这样酣畅淋漓的表达让我们惊喜而又自信地发现：原来我们个个都是"作家"，我们人人都是"故事大王"。

情智篇

别看我们年纪小，绘画、写作本领高！读了有趣的故事，我们也来做做小编辑。我画，我写，我制册。大家快来欣赏我"出版"的绘本吧！

我看到了美丽落叶，我听见了落叶告诉我的故事。你知道吗？原来世界就在我的身边。露珠，是黑夜的泪花；花瓣，是秋姑娘的落发……我把它们放进我的诗歌中。哈哈，我是一个诗人！

# 拾"花"

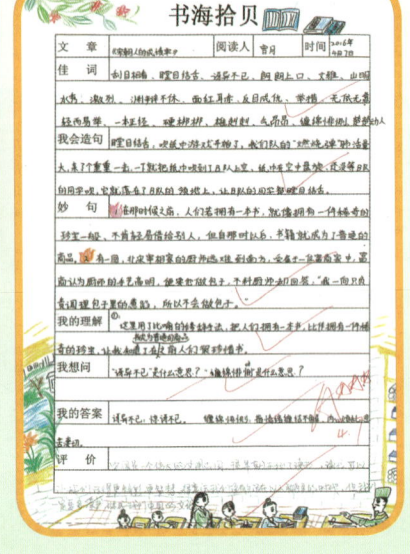

## 含笑 情智并茂——小学共享阅读实践与研究

世事留心皆学问。我们随时观察着我们的生活，我们记载着我们的生活，我们就像在海边捡拾美丽的贝壳。我们捡拾的贝壳，被爱我们的老师、父母编绘在了一起，成了一本本精彩的作文集。当我们拿到自己创作的作文集时，那种感觉幸福极了！

---

姐姐还是不出来，我在门外气得直跺脚。妈妈看见了走过来说："小朋友不能乱发脾气哟，发脾气是不能解决事情的，要好好说。"我静了下来对表姐说："姐姐出来玩吧！我还有很多漂亮的娃娃！"过了一小会儿姐姐开门走出来说："好吧！"然后我们又开心的玩了起来。

### 看病

今天起床，我的一颗牙齿很痛，妈妈就带我去看牙医了。医生阿姨让我躺在椅子上，然后拿出一套工具，我的心脏紧张得"砰砰"只跳！我问："阿姨会不会痛啊？"牙医阿姨笑咪咪地说："不会痛的，但是会喷水。"我还是紧张得长大了嘴巴。牙医阿姨不知道拿了什么工具在我嘴里一会儿敲一会儿钻一会儿又让我漱嘴巴。过了几分钟牙医阿姨说："小朋友补好了，以后要认真刷牙哦。"我坐起来说："好的，谢谢阿姨。"然后我和妈妈回家了。回家的路上，我心里想：补牙虽然不痛，不过还是有些不舒服。以后我一定要认真刷牙。

### 我害怕老鼠

要说起我害怕的东西是什么？那就是老鼠了！想知道为什么，就听听这个故事吧！有一次，我们家窗户没关紧，一只老鼠鬼鬼祟祟地钻进我们家了，家里谁也没有发现。到了晚上睡觉的时候，我听见好像有什么东西在抓衣橱。我蹑手蹑脚地去把妈妈叫来，妈妈打开衣橱用手机照了一下，看见了一条又细又长的灰尾巴！妈妈吓了一跳，叫我快去把爸爸叫来。爸爸来后用拖鞋把老鼠赶了出来，老鼠吓得到处乱窜，还跳到了我的肩膀上！我尖叫一声就呆在那里了。过了好一会爸爸妈妈用了各种工具终于把老鼠从家中赶了出去。我才回过神来。这下你知道是为什么了吧，我在悄悄告诉你，现在我更害怕老鼠了！

### 我的好朋友

我的好朋友，她差不多和我一样高。她的脸圆圆的，乌黑发亮的头发扎成一个马尾，水汪汪的大眼睛炯炯有神。她笑起来，嘴角两旁的小涡特别引人注

# 情智篇

读书不觉春已深，一寸光阴一寸金。我们会和老师一起，整整一个月捧着《红楼梦》，细细品读每一个细节；也会和同学在课余时间，探讨古人的侠肝义胆；还会在语文课上，开设"百家讲堂"，我们都是百家讲坛中的主播……我读，我思，在思索中，我们真实而又充实地成长着。

## 读书随想录

川大附小2018届一班编著
2018年6月

### 目录

**序言**

**我们班的百家讲坛**

- 《红楼梦》中的各种器物——罗沉洋 ... 1
- 暗恋→苦恋→绝恋——曹云研 ... 2
- 《红楼梦》读后感——刘姥姥为何如此可笑？——包俊阳 ... 3
- 人名的一语双关——冠子鉴 ... 4
- 黛玉性格探究——冯添元 ... 5
- 贾政鞭子之谜——胡宇鑫 ... 6
- 地位——李如怡 ... 7
- 红楼一梦——邵一清 ... 8
- 曹雪芹笔下的《红楼》——宋在研 ... 9
- 贾府的衰败——读《红楼梦》有感——谭玉烟 ... 10
- 红楼梦之读后感——童自强 ... 11
- 不好功名的贾宝玉——王培吉 ... 12
- 曹雪芹笔下的王熙凤——向若涵 ... 13
- ✓刘姥姥是为了讨太太小姐欢喜，不惜作践自己？——肖智秋 ... 14
- 一语双关红楼梦名称之谜——唐在田 ... 15
- 曹雪芹与《红楼梦》——余致衡 ... 16
- 黛玉的爱情——王添吉 ... 17
- 多性格的贾宝玉——张远天 ... 18
- 中国封建社会的百科全书——彭楠轩 ... 19
- 《红楼梦》读后感——学会宽容——邓渠文 ... 20
- 宝玉失玉之谜——曹月 ... 21
- 暗藏玄机的《葬花词》——龚美琪 ... 22
- 《红楼梦》中的丫鬟——周星辰 ... 23
- 不起眼的小物件——尤欣然 ... 24
- 唯一的一次真情流露——最身人也有真性情——陈艾珊 ... 25
- 红牧岛——蒋正宇 ... 26
- 巧用隐语——王奕嘉 ... 27

- 晴雯的美——罗海荷 ... 28
- 舌尖上的《红楼》——张清月 ... 29
- 生动丰富的神态描写——石欣怡 ... 30
- 石头记——宋晔玥 ... 31
- 《红楼梦》的中心——王勇葳 ... 32
- 我看《红楼梦》——费思越 ... 33
- 薛玉钗爱人是每一青清鸟 ... 34
- 读《红楼梦》别样的描写——张若彬 ... 35
- 《红楼梦》中突出人物性格特点的方式——张可逸 ... 36
- 名字之谜——李佳育 ... 37

**爸妈与我共读书**

- 何谓"好书"——罗果天妈妈 ... 38
- 亲子共读共成长——扣儿楼 ... 39
- 家庭阅读有感——邵一清老师 ... 41
- 走过"读书沙龙"的日子——王奕嘉妈妈 ... 42
- 认真阅读——肖清鸟妈妈 ... 44
- 让读书成为生活的习惯——周星辰妈妈 ... 46
- "读书沙龙"观后感——唐在田妈妈 ... 47

**后记：与书相伴 往事不会如烟**

- 与书相伴 往事不会如烟——你们的书友 胡宇 ... 51

**七嘴八舌议读书** ... 53

拈"花"含笑 情智并茂——小学共享阅读实践与研究

这本作文集收录了同学们平时的练笔作品和课堂作文。文笔稍显稚嫩，却装载着同学们的天真与梦想，记录着同学们最珍贵的回忆和童年。即便有一天同学们各奔东西，似被吹散的蒲公英携梦而飞，它也会为大家珍藏起这份"初心"。

不言离别，校园里的每一条路都留下了同学们的足迹；不说再见，校园里的每一朵花都见证了同学们的童年。六年纵然短暂，时光却在似水的流年里雕刻了记忆。

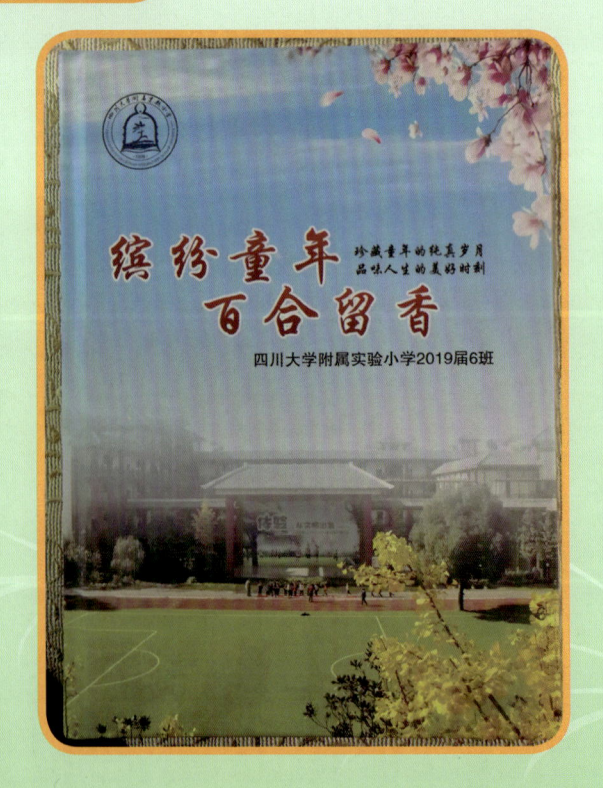

## "读书沙龙"观后感
唐在田妈妈

今天有幸参加了咱们班上的读书沙龙，相信参加的妈妈和我一样感触颇多。我觉得其他的家长没有来，不能亲眼见证孩子们的成长，可能会有遗憾的。我想把我们几位妈妈的感受一同与大家来分享，胡老师的这种的教学方法，真是让人大开眼界。一句话，我们今天看到的课堂，足够足以使每一位孩子成为驾驭语文的"牛娃"。

1．今天的主题是介绍"人格的多样性"。大家都知道，孩子们在读《射雕》和《神雕》，胡老师要求孩子写读书笔记，主题就是要抓住人格的多样性。每一个孩子要站起来用几句话简要概括出自己读书笔记中人物人格的多样性，并提炼出自己读书笔记的精华。如果你的题目不能很好地概括，那么就会有一群同学举手起来向你提问，并要求你给出合理的解释。你的回答如果没有误服力，那么同学会继续追问。等到学不免质疑。再后，胡老师见约人性起，是期日多做一篇读书笔记。（我的理解是他们没有认真写读书笔记，有必要再写一篇）我们在课堂上发现没有一个孩子有时间走神，因为每一个孩子都要参与，如果准备不充分，就要自行问刊问题的他等提问。胡老师仅仅在通别的人能够察到时，才说出自己的理解，并且非常尊重孩子，一再询问她的解释是否是孩子心里想要表达的。

（这是余晓晓在概括读书笔记，因为我当时没有带手机，所以有很多照片没照到，后来云研妈妈能来后，才照的。各小孩子是气场十足的演说家。）"牛气冲天、口若悬河、滔滔不绝，各个都是气场十足的演说家。"

## 家庭阅读有感
邵一清爸爸

2015年，胡老师为2012级1班的孩子们创建了读书沙龙。当初看见孩子晚饭后都要曹文轩的《草房子》读讲、划批、写写，满怀兴致地准备着第二天的读书沙龙活动，甚感惊奇。一是我上小学时从未有过数学经历；二是觉得沙龙是文艺青年的事情。小孩子做沙龙有些蹊跷，当孩子"阳光下，这颗脑袋像打了蜡一般亮，让他的同学们无端地想起，夜里它也会亮的"一句中上一道蓝色，同我问："蜡是什么？它跟电灯一样发光吗？"我们在几时没有提出这个问题。因为在那个时代的晚上蜡烛照明总比电灯少，我们不再觉得孩子们读书沙龙是如儿戏，其实是给孩子们提供了探索知识、发现历史的良机。

一清读书时常被一些地方问到我们，我们总是观竟先慈接告如答案，转而问他女儿他大意是什么。从哪些句词看出大意的。一清读书时总有一些新奇的想法出乎我们的意料。我们从大胆地加以否定的判断，而是建议他放出当生的类源。他写作做少思考，有了思有电时，我们用一些例子供参考。但他并不用那些例子来写，而是另辟蹊径。他不愿虽然写作文给我们的,我们也不强求。尽管心里不免免希望孩长作风来。三年来之指导孩子读书过程，多数时间是在与他作争的。当然不是为了惹给他们来，而是希望他能听听不围棋的声音，也希望他能够发现别人争辩的理解，赞赏别人有理智的看法，敢于放弃无根据的己见。这么久，我们还需要更多的努力。在伴随孩子们的读书过程中，我们对孩子有了解更多、学了不少。我们包和孩子们一道成长。

今天即毕业考试不到两同时间了，班上读书沙龙满榜来，早到的了。我们问一清读书沙龙后留下了最深刻的印象是什么。她说，同学们许多一些感悟的观点，比如巨然认为《西游记》第六章能敷做了预言，之后是极接安然建靠借去西天取经的。这切都是如果佛的设计，向那洞则认为是作者的写作失误。还有同学认为《西游记》写的是作者那个时代的腐败社会，这些都是让我们大一次醒醐灌顶！

## 序言
——写给寻梦的孩子们

孩子们，书籍是我们的良师益友、指南北斗，我们亲近它阅读它，热爱它阅优觉！世上没有"生而知之老"，只有"学以致其知"。书山巍巍，非勤奋不可望绝际；学海恋广，唯无艰苦方能达彼岸。苍卷孙敬刺股悬梁，孙康车胤囊萤映雪，只有有志气、不畏艰难、勤奋苦读者，才可以攀上一座又一座知识的山峰，渡过一个又一个智慧的海洋。

"路漫漫其修远，吾将上下而求索"。这是刚刚过去的端午节所纪念的负国屈原的语。人生路漫漫，走过便不再艰难；求知路迢迢，行过即不再遥远。登山必自低向高，读书必由少积多。积赋成痕，涓涓成河；日积月累，必致必须博大。千里之行，始于足下；万卷诗书，从今开始。书山有路勤为径，学海无涯苦作舟。

出发吧少年！努力吧少年！不懈的追求，必将描绘杰出的自我、美丽的明天！

舒爷爷撰于2020年6月28日

## 成都 都成

胖娃胖嘟嘟，骑马上成都，成都最好耍，
胖娃骑白马。
爸爸妈妈奋斗在成都的每个行业、每个岗位、每个角落，
我们爱这个美丽幸福的城市，这个来了就不想走的城市。
我们就来看看这座心中的城。
成都有棵树，叶子似扇子，秋天换金衣。
那是银杏树
成都有朵花，团团似彩云，红白争高下。
那是芙蓉花
成都有座山，道法聚神仙，幽幽悟洞天。
那是青城山
成都有个坝，鱼嘴中间立，水量分冬夏。
那是都江堰
成都有个塔，可看西岭雪，信号传万家。

---

书卷多情似故人，晨昏忧乐每相亲。与我们相亲的不仅是书卷，还有我们的爸爸、妈妈……天啊！这手中的书卷是多么神奇，勾起了我们亲人的创作欲望，他们也开始了阅读与创作。与书相伴，往事永远绚烂！

供稿：四川大学附属实验小学　胡　宇　禹永会　王锦兰
四川大学附属实验小学分校　周迎春